Pratiques de benchmarking

Créer collectivement du sens à partir du succès d'autres organisations

La collection Les Pratiques de la performance

Les Pratiques de la performance est une collection de Lexitis Éditions, éditeur indépendant spécialisé dans la publication d'ouvrages dédiés aux outils de management pour les entreprises et les organisations. Les Pratiques de la performance ont vocation à partager, avec le plus grand nombre, les connaissances, les méthodes et les outils de management qui rendront nos entreprises et organisations plus performantes. Notre philosophie, c'est qu'*in fine*, c'est bien l'homme, son intelligence et sa liberté d'esprit qui sont au centre de toute réussite.

Nos ouvrages sont simples, faciles à comprendre et avant tout orientés clients, c'est-à-dire conçus pour nos lecteurs qui cherchent des solutions pratiques à leurs questions. Notre objectif est de publier des livres qui seront vos références.

Des auteurs reconnus

La collection Les Pratiques de la performance rassemble des auteurs reconnus pour la qualité de leurs analyses et leurs capacités à transmettre simplement leur savoir. Auteurs de nombreuses publications, ils sont chacun considérés comme des références dans leurs spécialités.

Découvrez l'ensemble des titres de la collection sur :
www.lesPratiquesdelaPerformance.fr

LES PRATIQUES
DE LA PERFORMANCE

Florent A. MEYER

Pratiques de benchmarking

Créer collectivement du sens
à partir du succès d'autres organisations

Préface de Patrick Margaria

LEXITIS
éditions

Lexitis Éditions
76, rue Gay-Lussac, 75005 Paris

Illustrations : DR

ISBN : 978-2-36233-005-6

L'auteur

Consultant en systèmes de management pour des entreprises, **Florent A. Meyer** est l'un des rares en France à avoir conduit une entreprise jusqu'au prix européen de la qualité (EFQM), en passant par les certifications ISO 9001, OHSAS 18001, ISO 14001, SA 8000, le prix régional de la qualité et le prix français de la qualité.

Aujourd'hui, il met cette expérience au service de nombreux groupes nationaux et internationaux en tant que conseiller de directions générales en matière d'alignement stratégique, d'alignement opérationnel et d'alignement de maturité. Il est également consultant intégrateur de systèmes de management (ISO 9001, ISO 14001/EMAS, ISO 27001, OHSAS 18001/ILO-OHS, SA 8000, COSO, BS 25999...), Kaizen Master et Master Black Belt Lean-Six Sigma.

Son expérience de quinze ans de la qualité et sa passion du domaine l'ont aussi amené à être enseignant en excellence et performance durables, maîtrise des risques et innovation, dans des masters universitaires et des écoles d'ingénieurs (Marne-la-Vallée, Hubert-Curien, EFREI...). Il est également conférencier et auteur d'ouvrages et d'articles pour des publications tant en France qu'à l'étranger (*Qualité références, Quality World*).

Florent A. Meyer est assesseur EFQM et CAF, membre du jury EQA, auditeur certifié ICA (ISO 9001, ISO 14001, OHSAS 18001) et IRCA (ISO 27001).

> CONTACT
florent.meyer@wanadoo.fr
www.inforgon.fr

Du même auteur

Le Management de l'informatique d'entreprise, Masson, 1991.

Radarise Your Business for Success, EFQM, 1re édition 2005, 2e édition 2010.

« ISO 9001:2008. Consolider l'esprit de son système de management de la qualité », *Qualité références,* 2009.

« ISO 9004:2009. Orienter son système de management de la qualité vers la durabilité des performances », *Qualité références,* 2009.

Dans la collection Les Pratiques de la performance

Le Guide de l'EFQM. Réussir son passage vers l'excellence et la performance.

Sommaire

Préface

de Patrick Margaria

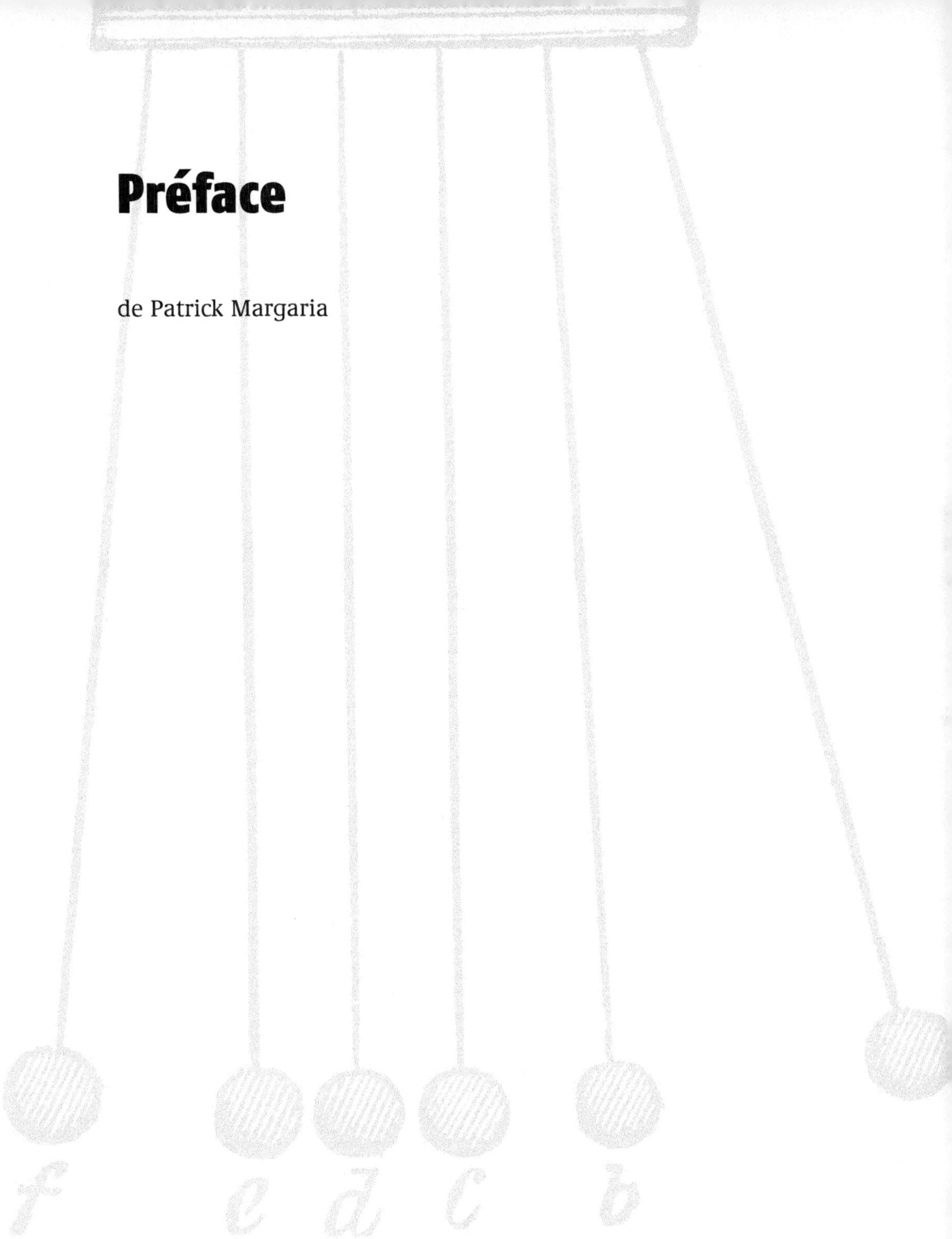

Quand j'étais enfant, à l'école, mes camarades et moi, nous ne travaillions pas en groupe. Il nous était interdit de parler, d'échanger pendant les cours et, plus que tout, nous ne devions pas copier les uns sur les autres ! Bref, impossible d'enrichir les propositions de l'un par les idées de l'autre ou ce qu'avaient fait les uns par les apports et contributions des autres. J'ai aujourd'hui l'âge de la moyenne des dirigeants en activité. Nous avons été formés par les mêmes maîtres, dans les mêmes écoles et nous partageons toujours aujourd'hui, malgré nous, ces réflexes individualistes qui nous ont été appris à l'école...

Le benchmarking, c'est aller contre cette tendance acquise. Si j'avais eu à sous-titrer ce livre, j'aurais proposé : Le Benchmarking : ajouter de l'intelligence à l'intelligence, *puisque c'est bien de cela qu'il s'agit.*

Les impressionnistes ont travaillé ensemble. Cézanne et Renoir se sont rencontrés dans le Midi de la France. Les physiciens aussi, Niels Bohr et Werner Heisenberg ont enrichi leur réflexion en travaillant ensemble sur la physique atomique. Tous à leur manière, artistes et scientifiques, ils ont ainsi ajouté de l'intelligence à l'intelligence.

Quand on travaille dans une entreprise et que l'on est aux prises avec les problèmes du quotidien, la tendance naturelle est de penser que l'on est le seul à rencontrer ces problèmes, que c'est forcément différent chez nous... En revanche, quand on partage avec d'autres entreprises, de domaines d'activité similaires ou même totalement différents, on se rend vite compte que nos problématiques peuvent être très proches et, parfois même, étonnamment identiques !

Il y a quelques années, dans le cadre de l'EFQM, j'ai piloté un groupe de benchmarking européen sur le thème : « la responsabilité sociétale des entreprises », groupe auquel a participé Florent A. Meyer comme représentant d'une entreprise partenaire impliquée dans l'exercice. Ce thème était alors émergent et pas complètement défini. Les participants ne savaient pas clairement ce qu'ils venaient y chercher. Ils ont écouté, réagi et « challengé » ces approches. S'ils espéraient apprendre de leurs hôtes, les entreprises qui nous recevaient n'avaient jamais imaginé qu'elles allaient, de leur côté, en apprendre autant de leurs visiteurs ! Or, au cours de cet exercice de benchmarking, c'est ensemble, et tous ensemble, qu'ils ont enrichi, amélioré et optimisé les initiatives des uns par les questions, les interpellations, les idées et les initiatives des autres. Ce brassage d'idées a été tellement fructueux que, durant la réunion de clôture, nous ne savions plus qui avait le plus appris. Moi, très certainement...
J'avais, en effet, appris que faire du benchmarking, ce n'est pas juste « aller voir ». Ce n'est pas copier bêtement, ce n'est pas non plus expliquer doctement ou écouter passivement. Faire du benchmarking, c'est bien plus que cela. Faire du benchmarking c'est co-construire. Faire du benchmarking, c'est bien ajouter de l'intelligence à l'intelligence. Existe-t-il une entreprise qui puisse se passer de cela aujourd'hui ?

En lisant ce livre, vous verrez que Florent A. Meyer non seulement a fait ce cheminement, mais l'a « méthodologisé » pour pouvoir vous en transmettre les fondamentaux.
De nombreux ouvrages ont été écrits sur le sujet. Le sien est probablement celui qui va le plus loin, à ce jour, dans l'analyse de la pratique du benchmarking, de sa raison d'être et de ses modalités de déploiement.

Je vous souhaite de prendre bien du plaisir à le lire... et le faire lire !

Patrick Margaria,
chef du projet « Progrès continu » chez EDF

Introduction

Sachons apprendre de nos réussites

Les organisations qui ont mis en place une démarche qualité ou une démarche QSE (qualité sécurité, environnement) efficace ont compris l'importance de l'apprentissage collectif à partir des erreurs, des non-conformités, des accidents et incidents et des réclamations des clients et des autres parties prenantes.

> **À RETENIR**
> Apprendre de ses réussites et de celles des autres est aussi important que d'apprendre de ses lacunes.

Cet exercice collectif permanent, encouragé par le management et bien mené peut amener en quelques années à créer une culture d'amélioration continue très efficace capable à tout moment, à tout endroit, de résorber au plus vite et au mieux les irritants organisationnels et faire de telle sorte qu'ils ne se reproduisent pas, pour la plus grande satisfaction des clients et autres porteurs d'enjeux.

À l'instar des humains, pour les organisations, il est plus facile d'apprendre de leurs erreurs et échecs que de leurs réussites. Or apprendre de ses réussites et performances et de celles des autres est aussi important, sinon plus, pour une organisation, que d'apprendre de ses lacunes.

La maîtrise de ce type d'apprentissage collectif à partir des succès peut en effet lui apporter des percées bien plus conséquentes que les améliorations incrémentales issues de l'apprentissage à partir des problèmes et échecs.

Un outil au service de la performance...

Le benchmarking est la seule démarche qui permette à une organisation d'apprendre de la performance des autres et de la sienne propre en les comparant tant du point de vue des approches que des résultats. Il est un chemin d'apprentissage collectif d'une organisation avec d'autres organisations sur tout ou partie de son modèle d'affaires ou d'entreprise (*business model*) et le leur à partir de l'étude comparative détaillée de leurs succès respectifs.

...qui a largement fait ses preuves...

L'étude des effets du benchmarking sur plusieurs années tant en Europe que sur les autres continents confirme :

– que les gagnants des grands prix de *business excellence* (EFQM, Malcolm Baldrige, Deming...) maîtrisent tous cet exercice pour leur plus grand succès ;

– que des grands groupes internationaux qui ont à un moment donné généralisé cet exercice, sous la pression de la concurrence, ont retrouvé une nouvelle vitalité sur le marché. Par exemple, Carlos Ghosn, interviewé en 2004 sur la transformation de Nissan, dit : « *le succès est dû à un attachement rigoureux aux benchmarks et aux objectifs* »[1] ;

– que de nombreuses PME (petites et moyennes entreprises) qui pratiquent le benchmarking sérieusement ont su s'adapter à des changements contextuels qui auraient pu leur être fatals ;

1. In *Business Week*, 4.10.2004.

– qu'il est un levier majeur de la performance des meilleures organisations publiques et organisations sans but lucratif.

L'étude 2009 de Bain & Company sur les tendances et outils de management, à partir d'environ 1000 répondants sur plus de 70 pays, place le benchmarking en tête depuis 1997. Le benchmarking passe désormais devant la planification stratégique. 76 % des répondants disent l'utiliser (75 % en Amérique du Nord, 79 % en Europe et en Amérique latine et 67 % en Asie [mais 80 % en Chine]).

Figure 1 : Utilisation et satisfaction du benchmarking dans le monde

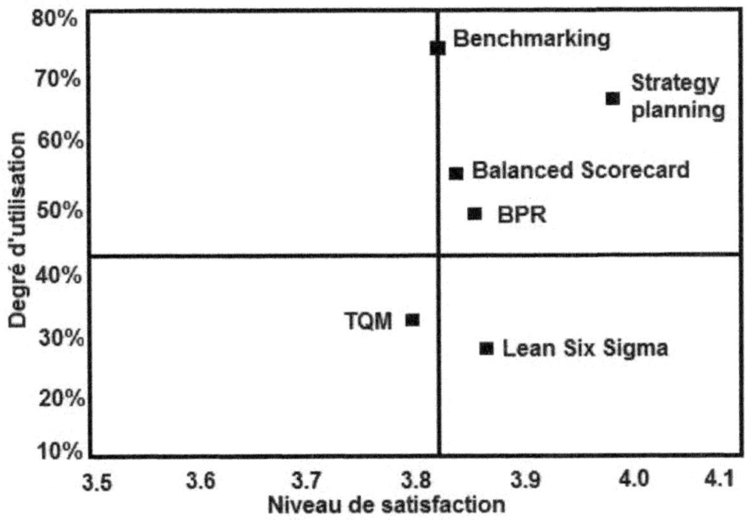

Source : Bain & Company 2009

Cette étude fait apparaître le fait que le benchmarking est très fortement lié au cycle d'activité et qu'il progresse en période difficile de cycle économique et pronostique un taux d'utilisation à 87 % sur le court terme.

...et pourtant si peu pratiqué en France !

J'enseigne le benchmarking depuis plusieurs années en troisième cycle universitaire. À chaque nouvelle promotion à l'occasion de laquelle les étudiants passent une partie de leur temps en entreprise, je pose la même question : « quelles sont vos entreprises qui font du benchmarking ? ». D'année en année, j'ai les mêmes réponses : une étude comparative par ci, une visite d'entreprise par là... Les vraies démarches projets de benchmarking rencontrés en dix ans de consulting se comptent sur les doigts des deux mains pour une population d'à peu près mille sociétés. Quant à parler d'une démarche continue, implémentée dans un système de management intégré, elle est encore plus rare.

Pourquoi le benchmarking est-il si faiblement utilisé en France ?

Cette très faible utilisation du benchmarking en France est souvent expliquée par plusieurs causes :

- l'arrogance doublée d'un manque d'ouverture d'esprit propre à bon nombre de managers français ;
- le syndrome du « pas inventé ici » ;
- la survalorisation de l'effort individuel durant les études ;

- l'image négative d'espionnage qui est associée à l'exercice ;
- un certain moralisme étriqué pour lequel « copier, c'est voler ». Il faut oser transgresser la règle fondamentale apprise dès les premières années d'école : l'interdiction de copier sur son voisin.

Notre constat est que si certains de ces traits sont plus caricaturaux chez les Français, ils sont assez largement universels. Une cause fondamentale bien moins spectaculaire est à l'œuvre : en France, on ne sait pas « prendre/perdre » du temps au départ d'un projet pour en gagner dix fois plus par la suite. La prévention est notre talon d'Achille. Nos managers et leaders ne se sentent des vedettes qu'en ayant en permanence à éteindre des feux. Certains même en deviennent pyromanes. Dans une telle culture managériale, prendre du temps pour se comparer à d'autres organisations et comprendre leur succès pour amener de la rationalité dans la fixation des objectifs, nourrir l'innovation, éviter des essais et erreurs coûteux, ne rapporte rien à la « vedette ». Il n'est donc pas question d'y investir ni de s'y investir, et ce, d'autant plus que, dans un système de migration managériale sur trois ans, les bénéfices qui en seront retirés serviront plus au successeur au poste qu'à soi-même.

Il y a comme un paradoxe du benchmarking : ce sont les meilleures organisations qui nécessiteraient le moins de s'améliorer qui font le plus de benchmarking, alors que la myriade d'organisations médiocres qui auraient besoin de s'améliorer en font le moins et même pas du tout.

Les effets désastreux de l'absence de benchmarking

Le premier effet est que l'on réinvente trop souvent l'eau chaude à tous les coins de rue et de manière très coûteuse. Alors que nos entreprises et autres organisations devraient se pencher sur ce qui est essentiel, c'est-à-dire l'adaptation préventive de leur business modèle aux changements contextuels, elles perdent du temps (et des ressources !) dans des difficultés opérationnelles, sans repère sur les meilleures pratiques qui ont pourtant fait leurs preuves chez leurs concurrents.

Le second effet est que nos entreprises ne développent ni ne capitalisent cet intangible essentiel non copiable ni achetable qui fait la différence : la capacité de penser collectivement « en dehors de la boîte (*out of the box*) » dans tous les sens du terme et de créer collectivement du sens à partir de la veille « métier » et de la recherche des meilleures pratiques.

Le troisième et ultime effet est que notre pays prend le risque de décrocher peu à peu de la compétition internationale dans de nombreux secteurs d'activité.

Il est grand temps de redonner à cet outil de management la place qu'il mérite dans une vraie politique économique adaptée à la mondialisation.

CHAPITRE 1

Bien différencier benchmarking et benchmark

Il ne faut pas confondre le benchmarking (une pratique de comparaison) avec le benchmark (une mesure de référence permettant la comparaison).

Le benchmarking est la recherche des meilleures pratiques pour les implémenter dans son organisation afin d'en augmenter la performance. Le benchmarking est donc une méthode par laquelle on essaie de comprendre la performance de sa propre organisation et celle d'autres organisations pour détecter des opportunités ou solutions d'amélioration.

Le benchmark est un point de référence, un repère d'excellence ou de performance, un standard pour mesurer, comparer, étalonner des produits et services, des processus et projets et d'autres composantes organisationnelles (pratiques, méthodes, savoir-faire, systèmes de management, satisfaction des parties prenantes...). Le benchmark est donc une mesure de l'excellente performance d'une organisation pour s'en servir comme point de comparaison et détecter un gap ou hiatus de performance.

De nombreuses définitions sont à relever dans la littérature sur le benchmarking ; en voici quelques-unes.

« Le benchmarking est un processus continu de mesurage des produits, services et pratiques par rapport à ceux des concurrents les plus forts et les entreprises reconnues comme des leaders de l'industrie. » **R. Camp,** 1989.

« Faire du benchmarking c'est mesurer sa propre performance par rapport aux organisations meilleures de la classe pour en déterminer comment elles atteignent leurs niveaux de performance et utiliser cette connaissance pour améliorer sa propre performance. » **Evans et Lindsey,** 1993.

« Le benchmarking est une sorte de processus d'amélioration de la performance en identifiant, comprenant et adoptant des pratiques exceptionnelles soit internes à l'organisation soit d'autres organisations. » **Cook,** 1995.

> À NOTER

Le mot «benchmarking» est composé de deux termes :
bench, banc, marbre de l'ajusteur, banc d'essai, banc d'épreuve ;
marking, marquer, noter, positionner.

« Le benchmarking est le processus continu de comparaison et de mesure d'une organisation par rapport aux leaders mondiaux du métier pour gagner de l'information qui aidera l'organisation à conduire des actions pour améliorer sa performance. » **APQC** - American Productivity & Quality Center, 1999.

« Le benchmarking est un processus continu et systématique de comparaison des performances des organisations, fonctions ou processus par rapport aux meilleurs mondiaux cherchant non seulement à les atteindre mais à les dépasser. » **EFQM** - European Foundation For Quality Management, 1999.

« Le benchmarking est un processus continu de mesure des pratiques courantes du métier par rapport aux pratiques des meilleurs de la classe pour améliorer la qualité et piloter la performance pour qu'elle atteigne voire dépasse les standards du moment. » **AT&T's Benchmarking Group,** 1995.

« Dit simplement, le benchmarking est l'art de découvrir, de manière proactive et franche, comment d'autres font pour organiser et implémenter les mêmes choses que vous avez implémentées ou prévoyez d'implémenter. L'idée n'est pas seulement de comparer votre efficacité avec celle des autres, mais plutôt de découvrir très exactement quels processus, procédures, ou applications technologiques ont produit de meilleurs résultats et, quand vous les avez trouvés, de les utiliser ou de les copier, voire de les améliorer plus avant. » **Blake Harris,** 1995.

Retenons de ces définitions que le benchmarking est une pratique structurée et continue de management...

- basée sur la comparaison de son organisation à de meilleures qu'elle ;
- qui provoque l'éveil intellectuel et génère de la connaissance collective ;
- et dont la finalité est l'amélioration accélérée et consistante des approches et des résultats de sa propre organisation.

Bien qu'à la fin du siècle dernier certains aient essayé d'imposer le vieux mot français « parangonnage » et que les

Québécois aient tenu à leurs termes « étalonnage », « analyse-repère », « étude de référence », « évaluation comparative », « balisage »..., aucune tentative n'a pu chasser le terme anglais qui s'est imposé mondialement.

En pratique, le benchmarking englobe :
- une comparaison régulière des approches (pratiques, fonctions et processus) avec les meilleurs ;
- l'identification des écarts de résultats (*gaps* ou hiatus) ;
- la recherche de nouvelles approches pour obtenir des améliorations dans les résultats ;
- le suivi avec la mise en place des améliorations ;
- le suivi avec le contrôle des progrès accomplis et le retour d'expérience.

Le benchmarking peut avoir plusieurs objectifs :
- découvrir les meilleures méthodes et pratiques qui ont fait leurs preuves ailleurs et comprendre ce qui fait la performance d'autres ;
- mieux satisfaire le client et les autres porteurs d'enjeux, répondre à leurs attentes accrues, répondre aux exigences réelles du marché ;
- progresser dans un domaine donné de son organisation, améliorer ses performances en se fixant des objectifs efficaces et crédibles, puisque d'autres prouvent qu'on peut les atteindre ;
- devenir ou rester compétitif : comprendre la concurrence et les raisons de leurs performances en matière de qualité,

de coût, de délai et autres ; évaluer ses forces et ses faiblesses par rapport à eux pour agir et anticiper ;
- faciliter la conduite du changement en impliquant les acteurs du domaine comparé ;
- se comparer aux meilleurs dans un domaine ou aux leaders régionaux, nationaux, continentaux, mondiaux...

La redécouverte des bonnes pratiques

Le benchmarking, c'est la découverte-action des meilleures pratiques (*best practices*) permettant de les identifier, de les comprendre, de les adapter et de les implémenter de manière efficace et efficiente. Pourquoi diable investir du temps et de l'argent dans la réinvention des « pratiques au top », alors que quelqu'un d'autre les a déjà inventées, souvent mieux, de manière plus économe et plus vite ? Il suffit d'aller l'observer et de tenter de les comprendre.

> DU BON SENS
Pourquoi investir du temps et de l'argent dans la réinvention des « pratiques au top », alors que quelqu'un d'autre les a déjà inventées ?

Ces « meilleures pratiques » ou « bonnes pratiques » sont les pratiques, concepts, approches, méthodes, outils, référentiels, processus, projets qui conduisent à des performances supérieures et exceptionnelles. La recherche de ces bonnes pratiques prend du temps et consomme de l'effort. Il vaut mieux mettre en place plusieurs canaux parallèles pour les identifier notamment l'écoute généralisée et systématique des clients et autres parties prenantes et la veille contextuelle permanente.

Le benchmarking fait prendre conscience de la relative faiblesse de ses propres pratiques par rapport aux meilleures. C'est cet éveil qui va créer les conditions de l'apprentissage.

Le benchlearning : l'imitation-adaptation

Japonais, Sud-Coréens et autres ont longtemps été traités par les Occidentaux de « copieurs » avec une connotation sinon péjorative, du moins condescendante. Aujourd'hui, leurs économies sont à la pointe de l'innovation dans beaucoup de domaines. Force est de reconnaître qu'ils ont su apprendre des meilleures entreprises occidentales et adapter les meilleures pratiques de ces dernières dans leurs propres entreprises.

Mettant en avant cet aspect d'apprentissage inhérent au benchmarking, des auteurs ont parlé de « *benchlearning* »[2], terme adopté aujourd'hui en Europe par le CAF (*common assesment framework* ; cadre d'auto-évaluation de la fonction publique).

Apprendre collectivement par, avec et des autres en échangeant les idées et en essayant de se comprendre mutuellement fait émerger du sens, dans tous les sens du terme. Cette création de sens est une maturation qui s'opère progressivement au fil des questions et réponses échangées entre

2. Karlöf et Ostblom, 1992.

acteurs des organisations partenaires de benchmarking, par des recoupements et croisements multiples de tout ce qui se dit et se perçoit (le non-dit, l'implicite, l'intangible).

Figure 2 : La création de sens au cœur du benchmarking

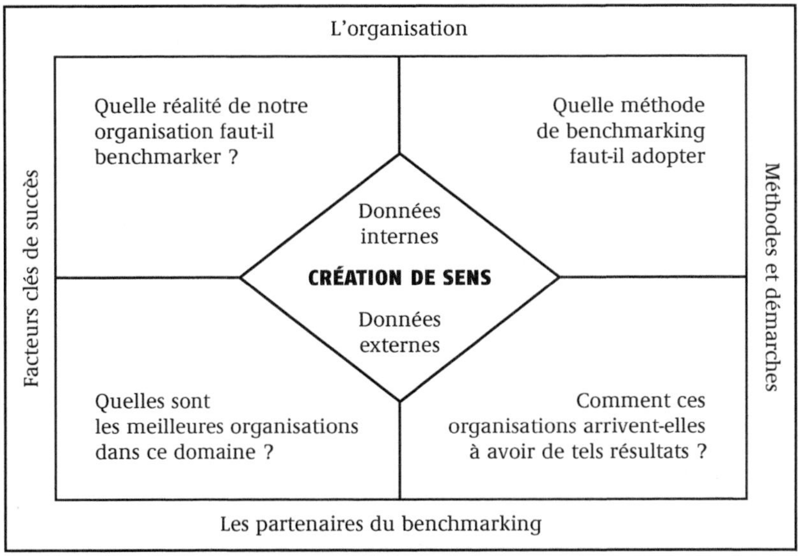

Imiter pour comprendre en profondeur

Benchmarker, ce n'est pas copier bêtement, c'est imiter intelligemment.

Pour les neurologues, le cerveau humain est une immense machine à imiter. L'imitation est un concept clé de l'anthropologie fondamentale. *« Il n'y a rien ou presque, dans les comportements humains, qui ne soit appris, et tout*

> LA CITATION

« Copier est trop risqué parce que vous ne comprenez pas pourquoi vous faites les choses. Adapter et non adopter, c'est la voie ! »
William Edwards Deming

apprentissage se ramène à l'imitation. »[3] Cette imitation est basée sur l'envie d'appropriation et débouche sur la rivalité mimétique.

La *mimesis* est l'art de l'imitation chez les anciens Grecs. D'abord imiter la nature pour mieux la maîtriser, ensuite imiter les humains pour mieux les comprendre et enfin imiter la τέλνη (*technè*) c'est-à-dire le savoir-faire des métiers de l'artisanat ou de l'art, la pratique efficace. C'est de cette imitation de la τέλνη que procède le benchmarking. Il cherche à comprendre les meilleures pratiques pour les adapter à ses propres ambitions et conditions.

Allez voir les premières œuvres d'un Turner, d'un Picasso, d'un Dali... Ils ont tous utilisé l'imitation des Maîtres pour mieux comprendre leur technique et ensuite l'adapter à leur propre style pour produire du nouveau. Le philosophe Alain écrivait : *« Qui n'imite point, n'invente point! »*.

Apprendre par les autres et éviter des erreurs

Même les stratèges politiques ont compris l'intérêt d'apprendre des autres. *« Seul un idiot croit qu'il peut tout apprendre de sa propre expérience; je préfère apprendre de l'expérience d'autrui afin d'éviter d'entrée de jeu de commettre des erreurs. »* Otto von Bismarck.

Nous empruntons à Albert Bandura, professeur à l'université de Stanford, père de la théorie sociale cognitive (TSC), son

3. René Girard, *Des choses cachées depuis la fondation du monde*, 1979.

concept de processus vicariant : les individus apprennent en observant, en imitant et en participant personnellement à cet apprentissage.
Cette aptitude des humains à apprendre à partir de l'observation des autres et l'apprentissage par l'observation et l'échange peuvent être stimulés et capitalisés au niveau des organisations. Une organisation peut acquérir en effet la capacité d'évaluer collectivement la pertinence d'une nouvelle pratique sans avoir à l'expérimenter. Le benchmarking recourt complètement à ce processus vicariant qui évite la perte de temps des apprentissages par essais et erreurs ainsi que la limitation des erreurs qui pourraient s'avérer fort coûteuses, voire fatales à l'organisation.
Pour bénéficier pleinement des apports du benchmarking, cet apprentissage ne doit pas se limiter au glanage de quelques idées et bons conseils auprès des meilleures organisations, mais adopter une démarche structurée permettant d'aller au fond des choses.

> ATTENTION
Il ne suffit pas juste de copier, mais bien de mettre en œuvre une démarche structurée pour aller au fond des choses, selon vos besoins et vos objectifs.

La préparation est fondamentale. Celui qui veut apprendre des autres qui sont en avance sur lui doit déjà s'assurer qu'il connaît parfaitement son propre domaine, qu'il peut expliquer sa performance actuelle à partir des leviers qu'il a mis en place et qu'il est conscient des problèmes et limites de sa logique actuelle. L'exercice d'autoévaluation de sa propre organisation à l'aide du référentiel des indicateurs devra faire apparaître les différences de performance. De même, le référentiel des questions devra faire apparaître les meilleures pratiques. La préparation de ces deux référentiels sera le meilleur garant de la réussite du projet de benchmarking.

La visite sur site est un second temps fort d'apprentissage. Il doit être orienté vers la détection des facteurs sous-jacents de la performance qui sont souvent intangibles. Se faire systématiquement expliquer les choses par des acteurs différents (niveaux hiérarchiques, métiers, personnalités) permettra de révéler ces aspects peu palpables à travers les chiffres et les procédures formalisées.

Ne pas laisser son expérience organisationnelle être seule maîtresse à bord

> À SAVOIR
Une organisation qui se plaît dans le *statu quo* signe son déclin. Il faut donc qu'elle cherche et organise la flexibilité mentale et collective.

Un proverbe chinois dit que *« l'expérience est comme une lanterne que l'on porte dans le dos et qui n'éclaire que le chemin déjà parcouru »*. Pour aller de l'avant, ce n'est pas l'expérience qui y incite, c'est la curiosité, la détection des nouvelles opportunités, la recherche des meilleures pratiques, la confrontation avec les expériences des autres organisations.
Il faut trouver des opportunités de penser en dehors de « sa boîte » et de se faire déplacer intellectuellement pour innover. Pour ce faire, il est essentiel pour toute organisation :
- d'encourager les initiatives d'innovation et la prise de risque mesuré ;
- de se remettre en question pour se construire et avancer ;
- de sortir de soi et se dépasser ;

- de se comparer aux autres, aux organisations excellentes ;
- d'être ouverte aux idées des autres et d'être à l'écoute même des concurrents agressifs ;
- de ne pas se figer sur ses représentations et les connaissances stockées dans sa mémoire collective.

Le benchmarking permet de combattre le virus NIH (*not invented here*) qui est une attitude entraînant la sclérose mentale collective de l'organisation. Ce n'est pas parce que nous avons toujours fait comme cela et que cela nous a réussi qu'il faut continuer à faire ainsi jusqu'à la fin des temps.

La dissonance au secours de la consonance

Le benchmarking ouvre les yeux et l'esprit. Il permet de se rendre compte que d'autres organisations font mieux et ont de meilleurs résultats dans des domaines donnés. Il a en cela un pouvoir désarçonnant.

Nous emprunterons à un chercheur américain, Leon Festinger (1957), sa théorie de la dissonance cognitive qui considère que deux éléments de cognition (perceptions, prises de conscience, attitudes propositionnelles ou comportements) sont en rapport ou pas (reliés par un lien pertinent ou non). Deux ou plusieurs cognitions articulées entre elles sont soit consonantes (ou cohérentes) soit dissonantes (incohérentes).

Elles sont consonantes si elles se soutiennent mutuellement ou au contraire dissonantes si elles s'opposent ou sont en contradiction les unes avec les autres.

À l'instar de cette théorie, notre hypothèse de base, qui est celle de Festinger déplacée sur les organisations, est que la dissonance apportée par le benchmarking produit chez les acteurs d'une organisation une tension qui les incite au changement.
L'existence d'une dissonance, provoquée par les leçons apprises du benchmarking, plonge le collectif dans un état inconfortable de sorte que cela le motive à réduire cette dissonance. Plus la dissonance que le benchmarking fait apparaître va être intense, plus cet inconfort psychologique collectif va être consistant et plus la pression pour réduire la dissonance le sera aussi.

Il est ainsi essentiel dans une démarche de benchmarking d'associer des acteurs de niveaux différents de votre organisation pour provoquer cette dissonance partagée. Cette dissonance va venir s'articuler à la consonance obtenue par la pratique collective de l'amélioration continue. Cet état de consonance cognitive collective dans une organisation est un état d'équilibre et de consensus obtenu entre les esprits des acteurs rodés à la recherche des causes et à la résolution des problèmes. La dissonance va ensemencer la consonance pour le plus grand succès de votre organisation.

Figure 3 : Le Yin-Yang de l'apprentissage collectif dans une organisation TQM (total quality management)

Ce que le benchmarking n'est pas

De nombreuses pratiques sont appelées à tort « benchmarking » en France et ailleurs : la lecture d'articles de presse comparant des entreprises d'un même secteur, les visites d'entreprises, la veille concurrentielle... Loin de nous l'intention de discréditer ces pratiques, elles n'en sont pas pour autant du benchmarking.

Bien que le benchmarking implique des comparaisons de résultats, il ne faut pas le confondre avec d'autres approches comparatives. Il ne s'agit pas :

- d'une simple analyse concurrentielle : le benchmarking requiert la collaboration pour être efficace.
- d'une comparaison par classement : le but est d'apprendre des conditions et des leviers à l'origine de résultats élevés.
- de plagiat : les situations changeant rapidement, les bonnes pratiques sont très vite obsolètes. De plus, le fait que d'autres font différemment ne signifie pas forcément qu'ils font mieux.

> ATTENTION
Ne pas faire l'erreur de penser faire du benchmarking, alors que l'on fait de la veille concurrentielle, de la collecte d'informations ou simplement du tourisme d'entreprise...

– d'espionnage industriel : l'ouverture et l'honnêteté sont nécessaires au succès du benchmarking.
– de tourisme industriel : si des visites ont lieu, elles doivent faire partie d'un programme structuré conduisant à une analyse en profondeur.

Faire du benchmarking, ce n'est pas participer à une enquête sectorielle. Certes une enquête comparative va vous donner des informations intéressantes notamment des résultats comparatifs sur les performances respectives des participants et des informations sur les pratiques des uns et des autres, mais elle ne va pas vous permettre de comprendre en profondeur ce qui fait la différence, donc ce qui est derrière les résultats. Bref, une telle enquête va seulement vous permettre de vous étalonner par rapport aux autres. En cela, l'exercice peut permettre d'identifier de bons futurs partenaires de benchmarking.

La simple collecte d'information n'est pas du benchmarking. Quand on effectue un benchmarking, c'est sur une réalité qui fonctionne depuis suffisamment longtemps chez soi et chez le ou les partenaires pour avoir des données fiables à comparer sur les approches utilisées et les résultats obtenus. Quand on collecte des éléments auprès d'autres organisations pour s'en inspirer dans la mise en place d'une nouvelle composante (pratique, processus...), ce n'est pas du benchmarking, mais de la veille et de la recherche d'informations.

Le benchmarking se différencie de la veille métier, mais il y a une fertilisation réciproque entre eux. La veille est un processus continu de gestion de l'information. Cette pratique permet de collecter, traiter et stocker de l'information pour soutenir la prise de décision notamment pour choisir les bons partenaires de benchmarking. Pour effectuer le benchmarking de manière efficiente, il est impératif de posséder des informations utiles, fiables et à jour. La veille permet de collecter de l'information en continu de façon à faciliter et à accélérer le processus de benchmarking. Il ne faudrait jamais poser à un partenaire de benchmarking des questions dont les réponses sont déjà diffusées dans le domaine public. Il faut consacrer le temps à la compréhension profonde des liens de cause à effet entre pratiques et résultats, entre leviers et effets.

> ATTENTION
Tout ce que vous pourriez déjà savoir par la veille sur votre partenaire sera autant de temps gagné dans votre processus de benchmarking.

Figure 4 : Comparaison entre veille compétitive et benchmarking

Critères	**Veille et analyse compétitive**	**Benchmarking**
Perspective	Détecter et voir ce qu'il y a devant le miroir, sur la scène.	Comprendre ce qu'il y a derrière le miroir, en coulisse.
But	Mesurer la performance. Comparer les coûts Identifier les gaps de performance.	Comprendre les méthodes. Comparer les processus. Identifier les solutions gagnantes.
Implication	Souvent une affaire de spécialiste. Facilement sous-traitable.	Implication des acteurs de l'entreprise concernés par l'objet du benchmarking.
Méthode	Étude en vase clos par lecture de documents, recherches sur Internet, exploration de bases de données. Production d'une synthèse des évolutions.	Visites sur site chez les partenaires de benchmarking, entretiens, questionnements, échanges et dialogues... Création collective de sens.

CHAPITRE 2

L'histoire du benchmarking

Le benchmarking ne fait pas exception parmi les approches, méthodes, outils et référentiels (AMORs) de l'excellence organisationnelle : il a été pratiqué avant de devenir un savoir-faire formalisé et transmissible.

Les pratiques ponctuelles

L'histoire industrielle relate de-ci de-là des expériences emblématiques d'apprentissage par visite d'autres entreprises qui n'étaient pas nommées benchmarking. Citons-en deux.
Le concept de la chaîne d'assemblage a été introduit chez Ford en 1914, à la suite d'une visite de William C. Klann, collaborateur de Henry Ford, d'un abattoir de Chicago où les animaux étaient dépecés par étapes, en circulant sur un tapis roulant. L'efficacité d'une personne s'occupant toujours de la même pièce des bêtes attira son attention. Il proposa l'idée d'une ligne d'assemblage à Henry Ford et à son collaborateur Peter E. Martin qui, dubitatif sur le moment, l'encouragea cependant à essayer.
Dans les années 1950, une délégation de Toyota avait fait un voyage d'études aux États-Unis dans le domaine de l'industrie automobile et visita plusieurs usines Ford dans le Michigan. Elle y avait observé des stocks impressionnants,

> ZOOM

Ford a été l'un des premiers à pratiquer le benchmarking, mais c'est Toyota qui comprit peut-être encore mieux l'esprit d'ouverture en s'inspirant des self-services américains Piggy Wiggly.
Library of Congress Prints and Photographs Division Washington DC.

une variation très forte dans le rythme de production et un niveau de non-qualité élevé en bout de processus. Une visite additionnelle dans un supermarché Piggly Wiggly organisée pour occuper la délégation s'est avérée par la suite être décisive pour l'histoire industrielle automobile. La délégation a été interpellée par la manière du supermarché de faire fonctionner son processus d'approvisionnement des rayonnages à partir de ce qui était emporté par les clients. Toyota appliqua, sous l'impulsion de Taïchi Ohno, son ingénieur en chef, la leçon apprise de Piggly Wiggly en réduisant ses stocks au juste nécessaire et en le réapprovisionnant au fil de la demande. Le « juste-à-temps » était né.
Ces deux exemples illustrent à eux seuls le bénéfice qu'une organisation peut retirer d'une pratique d'apprentissage des autres. Mais, à ce stade, on pense « coup de chance »; on n'est pas dans une approche systématique et raisonnée, encore moins « méthodologisée ».

L'exercice collectif continu

Depuis les années 50, les entreprises japonaises ont pratiqué la comparaison régulière de leurs méthodes et processus au niveau local dans le cadre de cercles patronaux et consulaires et au niveau national dans le cadre de leurs fédérations industrielles. Pour les Japonais, copier c'est gagner beaucoup de temps et économiser de l'argent; ce n'est pas voler. Ces

échanges de bonnes pratiques font partie intégrante de leur conception de la qualité totale et d'une stimulation collective à exceller et à devenir le meilleur des meilleurs, bref à atteindre le « *dantotsu* », c'est-à-dire l'unique inégalé dans un domaine donné. Les Japonais sont pour cela considérés être les leaders incontestés du benchmarking. Ils doivent une bonne partie de leur succès à cette attention particulière aux enseignements tirés de l'extérieur de l'entreprise et disposent de formidables réseaux d'échange d'informations, lesquels regroupent des entreprises, des organisations du secteur public et des universités.
Bien que moins mise en évidence que d'autres approches du TQM (*total quality management*) comme le Kaizen par exemple, elle n'en a pas moins joué un rôle déterminant dans la construction de la performance industrielle japonaise sur la seconde moitié du XXe siècle. Ce phénomène ne portait pas encore le nom de benchmarking, mais il était bien devenu systématique, raisonné et articulé avec d'autres démarches d'amélioration, et a de ce fait porté des fruits bien plus importants.

La démarche systématique, intégrée et continue

En 1982, Xerox, un des leaders mondiaux de copieurs, sous l'impulsion de son nouveau dirigeant David T. Kearns, inscrit le benchmarking comme un des leviers de son programme

« Leadership through quality » (le leadership par la qualité) qui avait pour but de sortir l'entreprise d'une situation de vulnérabilité face à ses concurrents, notamment les nouveaux entrants (Ricoh, Canon et Sevin) par rapport auxquels elle avait des coûts de production trop élevés, une qualité moindre et un temps de mise en marché plus long.

> ZOOM

Xerox est un des meilleurs exemples de réussite de benchmarking comme pratique continue pour améliorer la performance par l'identification, la compréhension et l'adaptation des meilleures pratiques internes et externes à l'entreprise.

À la fin des années 70, Xerox avait déjà initié un processus appelé « benchmarking compétitif » dans ses opérations manufacturières. Sa division Fuji-Xerox au Japon avait analysé les caractéristiques et la qualité de ses produits et ceux de ses compétiteurs japonais et s'était vite rendue à l'évidence que ses coûts de fabrication étaient plus élevés.

La généralisation de la pratique du benchmarking a joué un rôle essentiel pour sortir l'entreprise de la spirale du déclin (perte de parts de marché, chute des bénéfices). David T. Kearns en donne la définition suivante : *« Un processus continu d'évaluation de nos produits, services et méthodes par rapport à ceux des concurrents les plus sérieux ou des entreprises reconnues comme leaders. »*

Ce programme permit notamment à Xerox de trouver des approches multiples pour réduire les coûts de conception et de développement de ses produits et services. Les projets de benchmarking menés avec des concurrents japonais mettaient en évidence que le temps de mise en marché était le double chez Xerox, que le nombre de changements de conception était quatre fois plus élevé alors que le nombre d'ingénieurs impliqués était cinq fois supérieur.

Par ailleurs, les Japonais travaillaient en moyenne avec mille fournisseurs, alors que Xerox en avait cinq fois plus. Ils y arrivaient grâce à la standardisation des pièces utilisées dans différents modèles de copieurs et à la coopération étroite avec leurs fournisseurs dans la fabrication et la fourniture juste à temps. À l'autre bout de la chaîne, les concurrents japonais entretenaient une coopération étroite avec les entreprises de commercialisation de leurs produits, formant leurs employés à la qualité, à la maîtrise des flux de livraison et sur d'autres sujets nécessaires à l'optimisation de la relation avec les clients finals.
Grâce à cette démarche généralisée et « méthodologisée » au sein de toute l'organisation, Xerox a pu sortir de l'impasse, se revitaliser, regagner ses parts de marché et a fini par gagner le prix Malcolm Baldrige[4] en 1989.

La pratique éprouvée, «méthodologisée» et universalisée

Au départ, la méthode du benchmarking a été celle du PDCA (*plan, do, check, act*). Puis, au fur et à mesure des retours d'expériences, elle s'est enrichie et il existe aujourd'hui près d'une centaine de cycles de vie différents dans la littérature sur le sujet.

4. Lire sur le prix Malcom Baldridge en page 53.

L'adoption du benchmarking par les modèles d'excellence a permis une certaine standardisation de la pratique au sein des communautés respectives de *business excellence.*

Le benchmarking conceptualisé et « méthodologisé »

À la fin des années 80, la démarche de benchmarking a commencé à faire l'objet de publications dans lesquelles elle devenait une démarche structurée, conceptualisée et « méthodologisée ». Robert C. Camp, un ancien de Xerox, en a été l'un des pionniers.

Ces méthodologies proposent en général :

- une définition de ce qu'est le benchmarking ;
- une typologie du benchmarking ;
- une liste de pratiques qui ne sont pas du benchmarking ;
- un cycle de vie en phases et/ou en étapes ;
- des tâches liées à chaque phase et/ou étape ;
- des livrables ;
- des consignes issues des retours d'expérience ;
- des facteurs clés de succès ;
- des difficultés, contraintes, causes d'échecs et risques ;
- des cas pratiques.

> ☛ EN BREF
>
> L'expérience du benchmarking était enfin capitalisée et transmissible à la multitude.

Le benchmarking intégré dans les référentiels d'excellence

Le Prix Malcolm Baldrige – USA

Le centième congrès des États-Unis d'Amérique a ratifié, le 6 janvier 1987, le « Malcolm Baldrige National Quality Improvement Act » en hommage au défunt Malcolm Baldrige, secrétaire d'État au commerce extérieur, qui avait fait beaucoup pour le développement et la reconnaissance de la qualité des produits fabriqués aux États-Unis et exportés à l'étranger. Cet acte créa le prix du même nom qui est géré par la Société américaine pour la qualité (American Society for Quality) sous l'autorité du National Institute of Standards and Technology (NIST), l'Institut national des normes et de la technologie, qui fait partie du Département du commerce des États-Unis.

> ZOOM

Le benchmarking est, pour le prix Malcom Baldrige, un moyen très efficace pour alimenter l'analyse qui définira les bonnes choses à faire pour le succès de votre organisation.

Le Malcolm Baldrige encourage le recours intensif au benchmarking et invite les participants à considérer la nature et l'efficacité de leur démarche vers la qualité et des résultats obtenus en relation avec celles d'organisations qui sont appelées « les meilleures de la classe (*best in class*) » ou de la « classe mondiale (*world class*) ». Il demande également aux lauréats qu'ils partagent leurs outils et leurs méthodes en matière d'excellence et de performance avec d'autres entreprises pour diffuser cette approche à travers tous les secteurs économiques des USA.

Le référentiel affirme dans son critère *« 4. Information and analysis »* que l'utilisation de données et d'informations

comparatives est importante pour toute organisation. Les raisons majeures de cette utilisation sont que :
– une organisation a besoin de savoir où elle se positionne par rapport à ses concurrents et aux meilleures pratiques ;
– l'information récupérée par benchmarking incite à des percées et des améliorations significatives ainsi qu'au changement ;
– cette information permet de mieux comprendre ses propres processus et les leviers de leur performance.
Pour le Malcolm Baldrige, le benchmarking est un moyen exceptionnel pour alimenter l'analyse qui mènera à définir les bonnes choses à faire pour le succès de votre organisation. Ses deux apports principaux sont, d'un côté, l'information elle-même sur l'existence de meilleures pratiques et de meilleurs chemins vers la performance et, de l'autre, une meilleure compréhension des relations de cause à effet entre approches mises en œuvre et résultats obtenus.

« D'une certaine manière, l'esprit de coopération est l'héritage du prix Baldrige. Les gagnants sont obligés, de par la loi, de partager leurs connaissances. Ils l'ont fait sans souffrir de la compétition et ont permis à d'autres de suivre leurs traces. Le benchmarking est, par définition, une activité coopérative et une condition préalable à l'obtention du prix. Même ses adversaires se sont rassemblés sous la bannière du prix Baldrige. Pour devenir plus compétitives, les entreprises américaines ont découvert la coopération. »
David A. Garvin, « How the Baldrige Award really works », *Harvard Business Review,* 1991, nov.-dec., 69 (6) : 80-81.

Le Prix EFQM - Europe

La devise de l'EFQM (European Foundation For Quality Management) est « *EFQM shares what works* (L'EFQM partage ce qui marche !) » ; donc le benchmarking est au sommet de l'alignement stratégique de l'EFQM et de sa communauté de membres.

L'EFQM part du constat que les frontières bougent, voire disparaissent partout (entre marchés, entre les différentes manières de penser la concurrence, les clients et les fournisseurs, dans la définition des rôles au sein de l'organisation) et que la réalité est désormais l'ouverture. Comment, dans un tel contexte, une organisation s'assure-t-elle qu'elle peut capturer les bénéfices de cette « ouverture » et éviter ses pièges ? Comment sait-elle qu'elle a une bonne perception des meilleures pratiques et ce qu'elles signifient, où peut-elle les trouver et comment peuvent-elles être implémentées ?

> ZOOM

EFQM
Shares what works.

« *EFQM shares what work* », le benchmarking est au cœur du modèle proposé par l'EFQM.

L'EFQM se propose de fournir aux organisations européennes de nouvelles opportunités d'apprentissage en créant les conditions pour des échanges collaboratifs et du partage de connaissances au sein d'organisations et entre elles. Elle a pour cela développé un panel d'approches structurées pour le partage des connaissances et un apprentissage pragmatique nourri de l'expérience de ses membres, qui comprend :

- l'apprentissage partagé (deux individus d'organisations membres sont mis en relation par l'EFQM pour pouvoir échanger leurs connaissances) ;

- les visites d'entreprises (des organisations membres acceptent de recevoir d'autres organisations membres pour leur faire part de leur expérience) ;
- les communautés de pratiques (des individus d'organisations membres se retrouvent pour pouvoir échanger leurs connaissances sur des pratiques qu'ils partagent) ;
- et le benchmarking.

L'EFQM est en fait une communauté permanente de benchmarking qui organise aussi des groupes *ad hoc* de benchmarking sur des sujets précis.

> ZOOM

Le benchmarking est désormais pris en compte dans la version 2009 de la norme ISO 9004.

Le benchmarking adopté par l'ISO

Le benchmarking s'est enfin invité dans la famille ISO 9000 en 2009. Il figure dans la norme ISO 9004 version 2009 comme un des facteurs de la durabilité. *« 8.3.5 : Le benchmarking est une méthodologie de mesure et d'analyse qu'un organisme peut utiliser pour rechercher les meilleures pratiques à l'intérieur et à l'extérieur de l'organisme, avec pour objectif d'améliorer ses propres performances. Le benchmarking peut être appliqué aux stratégies et politiques, aux opérations, aux processus, aux produits et aux structures organisationnelles. »*

La norme liste trois types de benchmarking :
- le benchmarking interne ;
- le benchmarking vis-à-vis des concurrents ;
- le benchmarking générique.

Elle liste ensuite les facteurs clés de succès qui sont :

- le soutien du leadership ;
- la méthodologie ;
- l'anticipation des bénéfices par rapport aux coûts ;
- la compréhension des caractéristiques du sujet examiné.

Enfin, elle conseille d'adopter des règles pour :

- la définition du périmètre de l'objet du benchmarking ;
- le processus de sélection des partenaires ;
- la communication et la politique de confidentialité ;
- la détermination des indicateurs de comparaison ;
- la méthodologie de collecte des données ;
- l'analyse des données ;
- l'identification des écarts de performance et des axes d'amélioration potentiels ;
- la conduite des plans d'amélioration correspondants ;
- le retour d'expérience et le processus d'apprentissage.

☛ EN BREF

On le constate, l'essentiel du benchmarking fait désormais consensus dans la communauté de la « *business excellence* » : c'est une démarche continue, comparative et coopérative de compréhension profonde des leviers de l'excellence et de la performance organisationnelles.

Figure 5 : Évolution du benchmarking

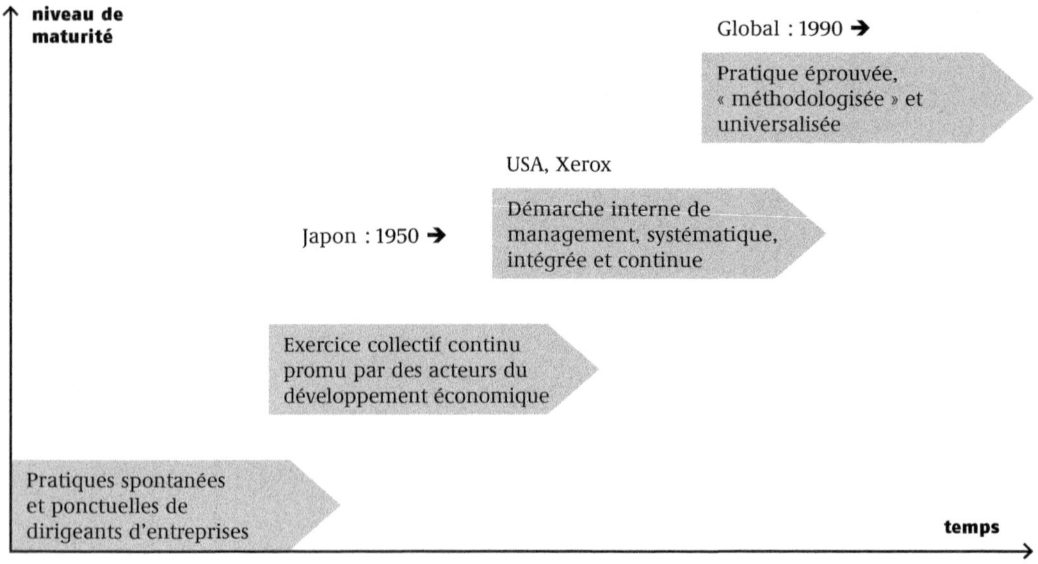

CHAPITRE 3

Comprendre les différents types de benchmarking

Le benchmarking est un outil très souple pouvant être appliqué de différentes façons à différents objets pour répondre aux besoins d'un éventail d'impératifs d'amélioration :

- **le benchmarking entre personnes** (exemple : concours du meilleur ouvrier de France qui permet à chaque candidat de comparer la maîtrise et les résultats des autres aux siens) ;
- **le benchmarking entre équipes** (exemple : compétitions de football et de rugby où les équipes analysent leurs pratiques et résultats respectifs en vue de la victoire) ;
- **le benchmarking entre pays** (exemple : benchmarking effectué par le gouvernement français sur les systèmes de régulation de l'emploi au Danemark et ailleurs) ;
- **le benchmarking entre organisations** qui est le sujet de cet ouvrage.

Il y a différentes typologies de benchmarking des organisations, mais elles se basent toutes sur deux critères de classification habituellement utilisés qui sont l'objet du benchmarking et les catégories de partenaires.

Au niveau de l'objet du benchmarking, on a coutume de recourir à une chronologie d'apparition :

La comparaison des produits

Appelé « *reverse engineering* », ce type de benchmarking s'est d'abord attaché à la comparaison des caractéristiques des produits (d'un point de vue purement technique), ensuite à la comparaison des fonctionnalités des produits, puis à la comparaison des performances des produits prenant en compte la perspective du marché.

La comparaison avec les concurrents

Développé en premier par Rank Xerox (ses coûts étaient au niveau des prix de vente de ses concurrents), ce benchmarking porte sur les solutions mises en œuvre par les meilleurs, sur leur efficacité et efficience.

La comparaison des processus

Dans les années 80, les managers réalisèrent que l'on pouvait apprendre des processus d'organisations d'autres secteurs et que l'information sur les processus, disponible ou accessible auprès des entreprises non concurrentes, était bien plus importante que celle que l'on trouve chez les concurrents.

La comparaison des stratégies

Ce benchmarking vise à comprendre et adapter des stratégies gagnantes pour mieux évaluer des scénarios alternatifs, implémenter des stratégies et améliorer la performance. Son champ est en même temps plus large et plus profond que celui des processus.

La comparaison globale de l'ensemble du business model

Elle inclut des analyses des différences culturelles entre groupes mondiaux, prend en compte les contextes et conditions dans lesquels évoluent les entreprises... Elle est favorisée par les prix qualité au sein des communautés d'échanges de pratiques.

Figure 6 : Typologie de benchmarking

Partenaire / Objet	Interne	Externe		
		Non-concurrent		Concurrent
		BD	MB	
Produits			x	x
Services		x	x	x
Processus	x	x	x	x
Projets	x	x	x	x
Pratiques	x	x	x	x
Systèmes (SMI)		x	x	x
Stratégies		x	x	x
Business modèles		x	x	x

MB : même branche ou secteur d'activité
BD : branche ou secteur d'activité différent

La distinction entre benchmarking interne et externe

Il est important de bien comprendre la nature différente de l'arrière-plan de l'objet du benchmarking selon qu'il est fait en interne ou en externe.

En interne, on raisonne comparativement sur la performance du domaine étudié et comparé « toutes choses étant égales par ailleurs ». Le transfert et l'applicabilité d'une bonne pratique identifiée peuvent donc se faire de manière assez simple et rapide.

En externe, en revanche, on raisonne comparativement sur la performance du domaine étudié et comparé « toutes choses étant différentes par ailleurs ». Il faudra donc bien travailler les conditions d'adaptation et de déploiement.

Le benchmarking interne présente plusieurs avantages :

- il peut constituer une étape de formation-accompagnement-action pour des projets de benchmarking externe;
- il peut constituer une étape de test des indicateurs et des questions que l'on va utiliser pour un benchmarking extérieur sur le même sujet;
- enfin, il peut servir d'outil permanent d'animation et de saine émulation (*stretching*) entre plusieurs unités ou équipes de sa propre organisation.

Figure 7 : Le benchmarking interne

Le benchmarking interne	
Opportunités/avantages	**Risques/inconvénients**
Une mise en place rapide du projet s'il y a une autorité légitime qui le décide. Des informations et données comparées facilement accessibles. Toutes choses étant égales par ailleurs (notamment la culture de l'organisation), la réalisation des améliorations décidées sera plus immédiate.	Le collectif de benchmarking continue en quelque sorte à penser « dans la boîte », ce qui peut obérer la créativité et la percée. Des considérations d'un autre ordre (luttes internes) peuvent fausser l'exercice en orientant voire en tronquant les informations. Le degré d'apprentissage des acteurs participant au projet reste somme toute limité.

On peut aussi voir le benchmarking interne comme une démarche pour poser de bonnes fondations pour le benchmarking externe. Conduire un benchmarking interne veut dire que l'on établit une démarche structurée, que l'on se donne une représentation claire d'un processus ou d'une pratique et que l'on a pris la peine de bien comprendre les leviers de la performance de cette réalité à comparer par la suite avec d'autres organisations. Ne pas faire ce travail en interne peut vous fait rater le benchmarking externe.

Figure 8 : Le benchmarking externe

Le benchmarking externe	
Opportunités/avantages	**Risques/inconvénients**
Le collectif de benchmarking apprend progressivement à penser « hors la boîte », ce qui libère la créativité et fait découvrir la percée.	Une mise en place du projet qui prend du temps parce qu'il faut obtenir les accords des partenaires souhaités.
Toutes choses n'étant pas égales par ailleurs, l'effort de compréhension des logiques de la performance des autres organisations est plus important et amène un degré d'apprentissage des acteurs participant au projet bien plus conséquent.	Des informations et données comparées parfois difficiles à obtenir. Des considérations d'un autre ordre (luttes internes) peuvent fausser l'exercice en orientant voire en tronquant les informations.

Le benchmarking externe provoque la remise en cause. Il demande un effort conséquent pour bien comprendre les ingrédients de la performance des meilleurs, ingrédients dont une partie est intangible.

La distinction entre les partenaires de type concurrentiel, fonctionnel, coopératif ou générique

Cette distinction porte sur le benchmarking externe. Elle identifie quatre catégories de benchmarking selon le type de partenaires de l'exercice.

– Le partenaire de type concurrentiel : l'analyse comparative se fait avec des concurrents directs excellents ou les meilleurs concurrents globalement ou partiellement sur des niches de marché ou des types de produits et services.

Figure 9 : Graphe de comparaison avec les concurrents

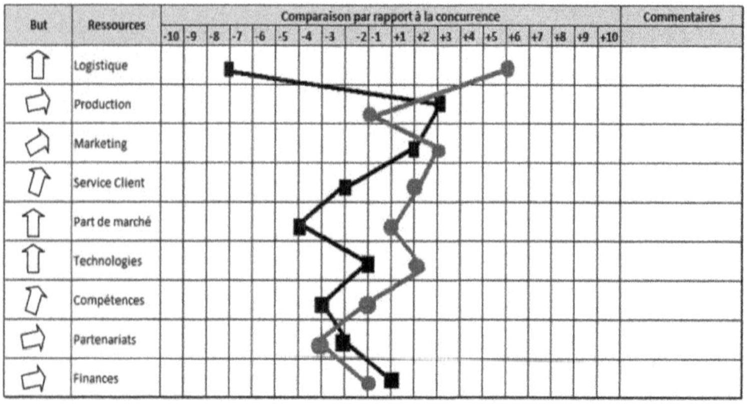

« Si tu connais ton ennemi et toi-même, tu n'auras pas à craindre cent batailles. Si tu te connais, mais que tu ne connais pas ton ennemi, tu risques une défaite à chaque bataille. Si tu ne connais ni ton ennemi ni toi-même, tu perdras chaque bataille. » **Sun Tzu.**

– Le partenaire de type fonctionnel : l'analyse comparative se fait avec des organisations excellentes ou les meilleures organisations opérant à l'intérieur du même secteur d'activité, mais non concurrentes. Plusieurs auteurs partagent l'idée que ce type de benchmarking ne débouche pas souvent sur des innovations importantes du fait même qu'il ne porte que sur des fonctions. Ayant vu des améliorations de rupture issues de ce type de benchmarking, nous pensons que le résultat dépend plus de la nature du problème à régler et du sérieux de la démarche que de la nature des partenaires ou de l'objet du benchmarking.

– Le partenaire de type coopératif : l'analyse comparative se fait avec des partenaires, fournisseurs, sous-traitants, intermédiaires avec lesquels l'organisation a déjà une collaboration réciproquement bénéfique.

– Le partenaire de type générique : l'analyse comparative se fait avec des organisations excellentes ou les meilleures organisations opérant dans d'autres secteurs d'activité. *« L'important est d'isoler certaines opérations* [...] *et de les comparer à celles d'entreprises qui se sont établies comme chef de file ou qui ont innové dans ces mêmes opérations. L'idée d'excellence générique rend cela possible. »* **Michael J. Spendolini,** *The Benchmarking Book, 1992.*

Figure 10 : Le benchmarking concurrentiel

Le benchmarking concurrentiel	
Opportunités/avantages	**Risques/inconvénients**
La cible de partenaires potentiels est facile à identifier. Il permet de prendre rapidement conscience des différentiels (*gaps*) de performance au niveau des produits, des services, des méthodes et procédés, des processus, des pratiques commerciales...	L'accord des concurrents est long et difficile, voire impossible à obtenir. Les informations peuvent être difficiles à collecter. Il y a un risque de divulgation d'informations sensibles, un risque juridique d'entente, un risque d'intoxication informationnelle.

Figure 11 : Le benchmarking fonctionnel

Le benchmarking fonctionnel	
Opportunités/avantages	**Risques/inconvénients**
La cible de partenaires potentiels est facile à identifier. Les informations sont assez faciles à obtenir. Il permet de comprendre rapidement les leviers de la performance du fait de la connaissance du secteur d'activité.	Il peut donner des idées d'extension sectorielle à des partenaires situés en amont ou en aval de l'organisation et en faire de futurs concurrents. Il y a un risque qu'un des partenaires de benchmarking transmette de l'information vers un concurrent.

Figure 12 : Le benchmarking coopératif

Le benchmarking coopératif	
Opportunités/avantages	**Risques/inconvénients**
Du fait de la connaissance respective et des habitudes de collaboration, il permet la mutualisation et le partage de l'information et des connaissances. Il procure des opportunités communes de percée et de sauts de création de valeur et de profits.	Il peut recréer une forme de vase clos, certes plus vaste que si l'organisation était restée seule dans son coin, mais vulnérable à l'irruption de nouveautés en cas de pensée unique. Il peut apporter aux partenaires de benchmarking des arguments pour leurs futures négociations contractuelles.

Figure 13 : Le benchmarking générique

Le benchmarking générique	
Opportunités/avantages	**Risques/inconvénients**
Du fait qu'il est souvent mené dans le cadre de communautés formées au benchmarking, il permet l'identification rapide des indicateurs clés de performance et des facteurs clés de succès. Il procure des opportunités de percée et de sauts de performance.	Les organisations cibles sont plus difficiles à identifier. La transposition et l'adaptation des bonnes pratiques détectées sont parfois laborieuses par manque d'expertise ou difficulté à comprendre le contexte (toutes choses étant différentes par ailleurs).

La distinction entre le benchmarking opérationnel, stratégique ou de maturité

Cette typologie repose sur le niveau de l'intention managériale en matière de changement et d'amélioration. Elle distingue :
– **Le benchmarking opérationnel** qui regroupe le benchmarking des processus et le benchmarking des performances par souci de productivité et d'augmentation des chiffres d'affaires pour un accroissement de performance à court terme.

– **Le benchmarking stratégique** qui détecte, analyse et adapte des stratégies gagnantes, effectue des comparaisons au niveau des business modèles, des structures et fonctions à moyen et long terme, pour une compétitivité concurrentielle à moyen et long terme.

– **Le benchmarking de maturité** dont l'ambition est de comparer la solidité du modèle managérial d'une organisation à celui d'autres organisations par rapport à un référentiel de maturité de référence. Les prix d'excellence ainsi que d'autres référentiels permettent ce type de benchmarking.

La comparaison des organisations sur leur niveau de maturité représenté par un espace à deux dimensions – le niveau de leur état de l'art en matière de pratiques et d'approches déployées et leur niveau de performance – permet d'établir une typologie des organisations en cinq catégories.

- Catégorie 1 : les organisations de classe européenne.
- Catégorie 2 : les organisations en route vers l'excellence.
- Catégorie 3 : les organisations inhibées, dont les performances ne sont pas à la hauteur des efforts consentis pour améliorer leurs approches.
- Catégorie 4 : les organisations chanceuses et fragiles, dont les performances sont plus élevées que méritées par les approches déployées.
- Catégorie 5 : les organisations en difficulté, aux approches et performances faibles.

Figure 14 : Benchmark des organisations en fonction du niveau de leurs pratiques et de leurs résultats

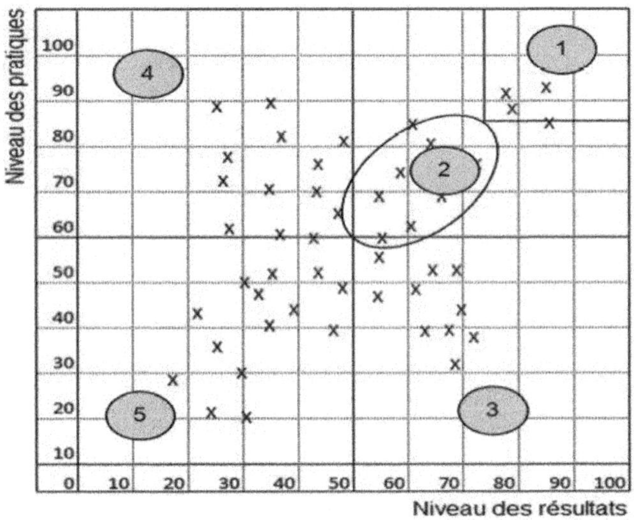

Ce type de comparaison permet un bon repérage des partenaires de benchmarking en fonction de leur avance de maturité sur sa propre organisation.

Ce repérage une fois effectué, il est intéressant d'analyser plus en détail les domaines de maturité pour un choix avisé des partenaires de benchmarking en fonction de leurs forces plus ciblées. Cette analyse est facilitée par l'usage de graphes de comparaison des différentes pratiques par rapport à la moyenne du groupe d'organisations comparées.

Figure 15 : Positionnement d'une organisation par rapport à la moyenne des niveaux de maturité par pratique déployée

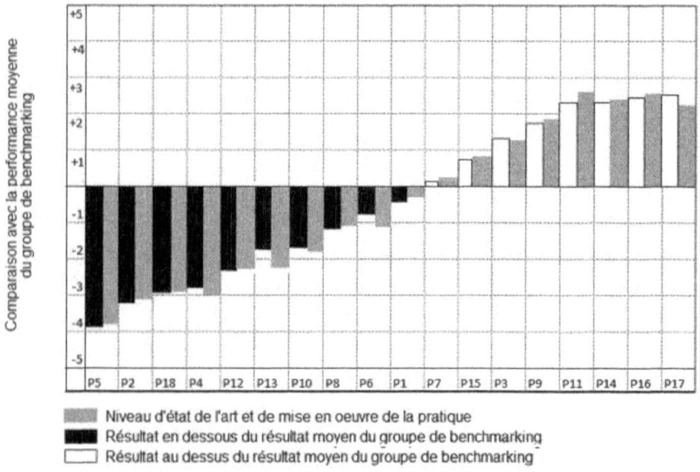

CHAPITRE 4

Les différents cycles de vie pour mener à bien un projet de benchmarking

Il y a presque autant de cycles de vie du processus ou projets de benchmarking que d'auteurs sur le sujet. Comparer un certain nombre d'entre eux permet de prendre conscience qu'ils :

- partent toujours d'un point de vue particulier, voire singulier ;
- partagent un certain nombre d'éléments clés ;
- et présentent certaines différences selon les sensibilités de leurs auteurs.

Ci-dessous, les principaux, classés selon leur nombre de phases.

Les cycles en quatre phases

Le cycle de Xerox, Robert Camp

Le processus de benchmarking part d'une double étude : les résultats et les approches. À partir des écarts de performance constatés sur les résultats au moyen de l'analyse des mesures, on essaie de comprendre quelles sont les bonnes pratiques qui permettent d'avoir de meilleurs résultats. Une fois identifiées, on essaie de voir comment adapter ces pratiques dans sa propre organisation et on décide d'actions d'améliorations à mener.

Pour converger vers l'action, on implique fortement le management afin d'obtenir son engagement sans faille sur le progrès à accomplir. Ensuite, on mène une campagne de communication pour faire adhérer tous les acteurs du domaine à faire évoluer et obtenir leur participation active.

Figure 16 : La logique du processus de benchmarking selon Robert Camp

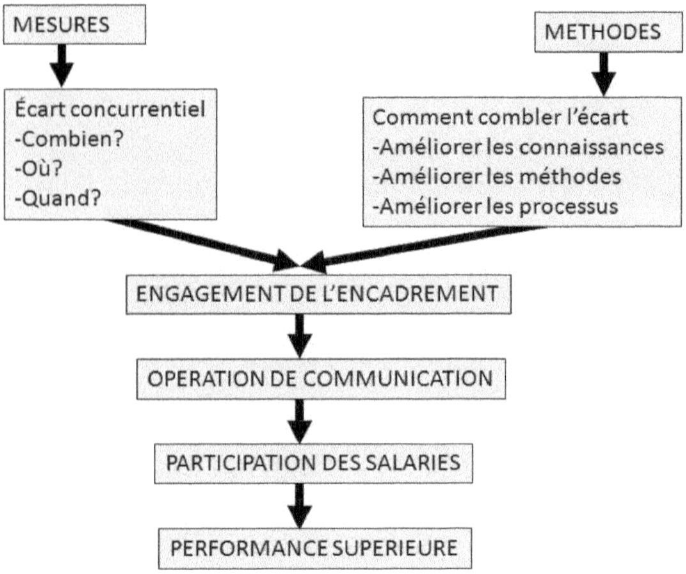

La démarche de Xerox regroupe dix étapes en quatre phases. Elle a été développée comme une démarche d'entreprise indépendante des autres démarches managériales notamment de l'amélioration permanente à partir des réclamations et non-conformités. Elle se veut complète dans la mesure où elle intègre la mise en œuvre et la mesure des résultats des actions d'amélioration, et continue dans la mesure où elle débouche sur un réajustement, donc un cycle suivant.

Voici la structure de la démarche de Xerox :

Phase 1. Planification

1 - Identifier les sujets du benchmarking ;
2 - Sélectionner les partenaires du benchmarking ;
3 - Déterminer les moyens de collecte des informations et effectuer la collecte proprement dite.

Phase 2. Analyse

4 - Déterminer les écarts de performance ;
5 - Projeter les niveaux de performance futurs.

Phase 3. Intégration

6 - Communiquer les résultats de l'analyse ;
7 - Établir les objectifs fonctionnels.

Phase 4. Action

8 - Développer un plan d'action ;
9 - Mettre en œuvre et mesurer les progrès ;
10 - Réajuster le benchmarking.

Figure 17 : Le cycle de benchmarking de Robert Camp

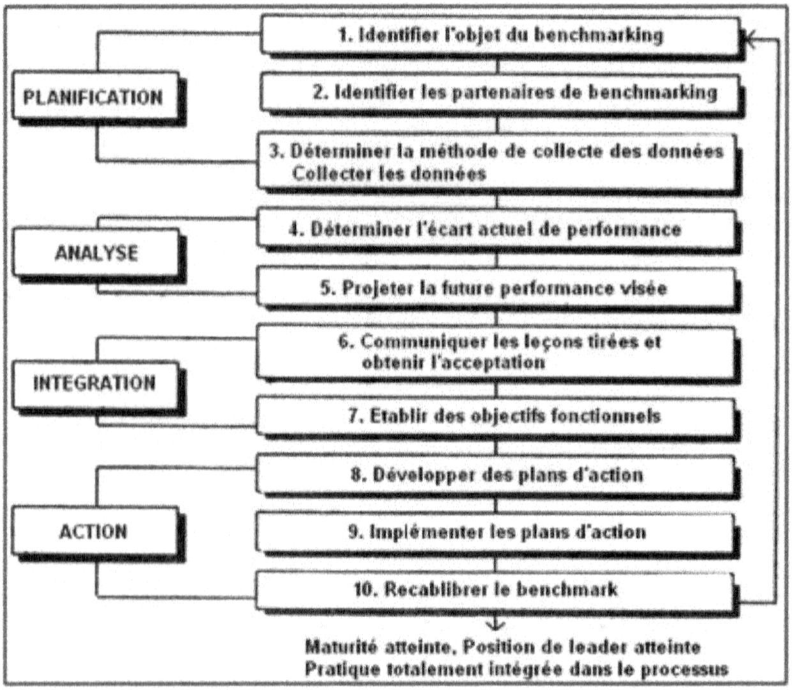

Le cycle de l'EFQM

La démarche de l'EFQM est une démarche de communauté de benchmarking dont les membres ont adopté l'autoévaluation selon le modèle EFQM. Cette autoévaluation leur permet annuellement d'identifier des domaines d'amélioration susceptibles de devoir faire l'objet d'un benchmarking qui font alors l'objet d'une « priorisation » d'action.

Voici la structure de la démarche EFQM :

Phase 1. Planifier

- Former l'équipe de benchmarking ;
- documenter le processus ;
- établir le périmètre de l'étude de benchmarking ;
- exposer les intentions ;
- développer les critères pour la sélection des partenaires de benchmarking ;
- identifier un groupe cible de partenaires potentiels ;
- définir le plan de collecte des données.

Phase 2. Collecter

- Effectuer une seconde recherche basée sur les critères sélectionnés ;
- évaluer les résultats et identifier des partenaires potentiels ;
- développer des instruments de collecte de données ;
- piloter en interne les instruments de collecte développés ;
- identifier et contacter les partenaires ayant les meilleures pratiques ;
- qualifier les partenaires et les évaluer ;
- développer le questionnaire détaillé ;
- effectuer la collecte par une investigation détaillée.

Phase 3. Analyser

- Comparer ses données de performance à celles des partenaires de benchmarking ;
- identifier les meilleures pratiques opérationnelles et les facilitateurs ;
- formuler la stratégie d'implémentation ;
- développer un plan d'implémentation.

Phase 4. Adapter

- implémenter le plan;
- surveiller et faire le reporting de l'avancement;
- recalibrer et recycler l'étude;
- planifier pour l'amélioration continue de nouveaux benchmarks...

Une approche intéressante de ce cycle est un raffinage des partenaires au début de la phase de collecte : on vérifie, à partir des données recueillies par questionnaire et contacts téléphoniques et épistolaires complémentaires, quels sont les quelques partenaires qui méritent la peine d'être visités.

L'EFQM organise une dizaine de sessions de benchmarking par an selon ce cycle, sur sollicitation de ses membres. Quatre populations d'acteurs y interviennent :

- des organisations « sponsors » qui avancent un budget pour l'opération;
- des organisations « partenaires » qui sont les détenteurs des meilleures pratiques ciblées; pratiques identifiées à travers le prix européen de l'excellence (*EEA: European Excellence Award*);
- des « participants » d'autres organisations qui paient un droit d'inscription;
- Des « facilitateurs », qui sont généralement des employés de l'EFQM et parfois des consultants spécialisés dans le domaine étudié.

Participez à l'une de ces sessions pour vous former de manière très pragmatique à l'état de l'art de l'exercice.

Figure 18 : Le cycle de benchmarking de l'EFQM

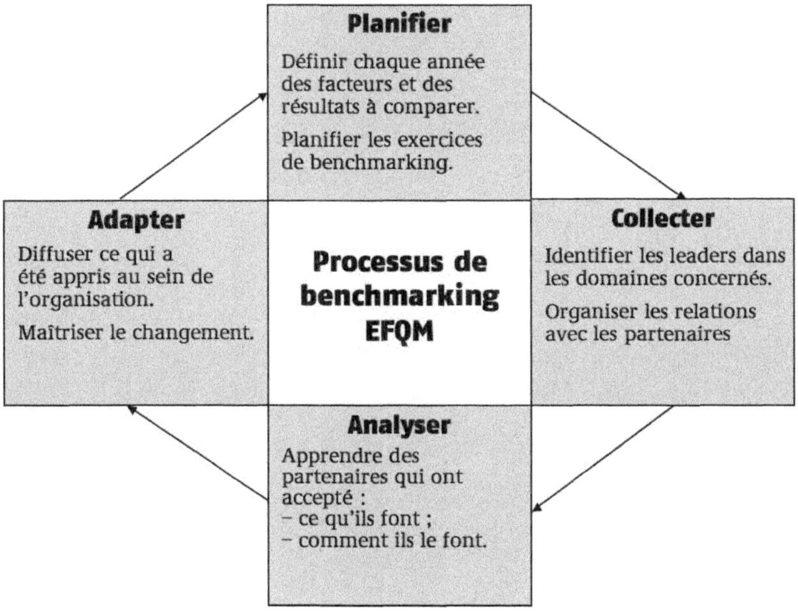

Le cycle québécois

Le modèle québécois de la démarche de benchmarking est surtout destiné aux petites et moyennes entreprises.

Voici la structure du cycle québécois :

Phase 1. Planifier

1. *Définir les priorités d'affaires et d'amélioration :*
   a. s'assurer de l'impact important de la démarche ;
   b. choisir un processus relié à la démarche stratégique :
      – fixer les priorités ;

- définir les critères;
- obtenir le soutien;

c. utiliser des outils de diagnostic.

2. Étudier et modéliser le processus :

a. documenter le processus;

b. utiliser les modèles et diagrammes.

3. Démarrer la démarche :

a. planifier la démarche :

- nommer un chef de projet;
- gérer en mode projet;

b. former l'équipe :

- développer la connaissance du processus;
- communiquer les objectifs;
- obtenir un engagement.

Phase 2. Rechercher

1. Déterminer le meilleur de la classe :

a. orienter la recherche :

- utiliser les sources de données : internes, domaine public, recherches originales, Internet;

b. organiser l'information.

2. Rechercher les meilleures pratiques :

a. préparer la visite :

- communiquer avec les partenaires;
- viser la relation à long terme;

b. développer le questionnaire :

- valider les questions;
- administrer le questionnaire;

c. conduire la visite :
- créer un climat de confiance, prendre des notes, assurer le suivi.

Phase 3. Analyser

1. Identifier les écarts significatifs :
a. sur les pratiques ;
b. sur les résultats.

2. Analyser les causes :
a. des différences ;
b. des performances respectives.

3. Comparer :
a. indicateurs de performance ;
b. diagrammes des processus ;
c. méthodes, techniques, formation et ressources.

4. Projeter :
a. où en sera le meilleur de la classe d'ici trois à cinq ans ?
b. quels chemins vont l'amener à ce niveau ?

Phase 4. Adapter

1. Créer l'adhésion, analyse des champs de force :
a. identifier les leviers ;
b. identifier les ralentisseurs.

2. Définir les objectifs et le plan d'action :
a. où voulons-nous aller ?
b. comment allons-nous y aller ?

3. Recalibrer les points de repère :
a. établir le planning détaillé de l'adaptation ;
b. rédiger le plan qualité du projet d'adaptation.

L'intérêt de ce modèle est qu'il insiste clairement sur le fait que, pour battre les meilleurs concurrents, il faut anticiper leur niveau de performance à moyen terme et ne pas se baser seulement sur leur niveau actuel de performance.

Figure 19 : Le cycle de benchmarking québécois

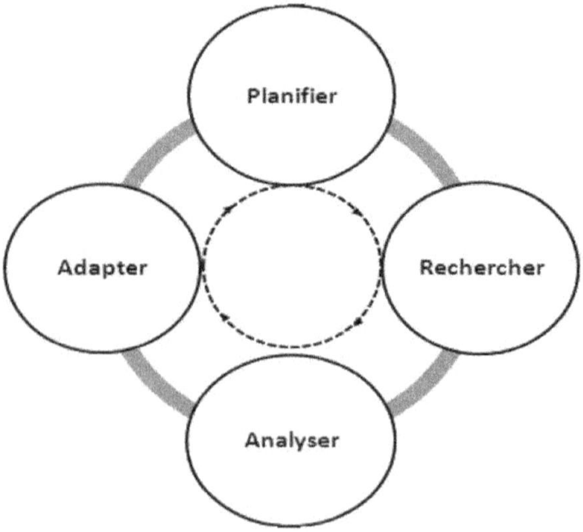

Le cycle Ernst & Young

Ce cycle Ernst & Young distingue neuf tâches réparties en quatre phases.

Phase 1. Organisation et planification

1. On identifie l'objet du benchmarking (processus, pratique…) et on définit l'objectif à atteindre.
2. On constitue une équipe la plus variée possible (niveaux hiérarchiques, expertises…) et on forme les acteurs.

Phase 2. Établissement du référentiel

3. On définit les indicateurs de performance à comparer.
4. On développe les outils de collecte des données (grilles, formulaires et questionnaires…).
5. On teste tous ces outils en interne pour leur mise au point. Cette démarche met l'accent sur la robustesse du référentiel de benchmarking : pour des mesures comparatives de qualité, il faut un étalon de qualité.

Phase 3. Collecte externe

6. On identifie les candidats potentiels et on sélectionne les partenaires de benchmarking.
7. On organise la collecte réciproque des informations et les visites sur site.

Phase 4. Analyse et plan d'action

8. On analyse les données et on présente les conclusions.
9. On détermine l'apport des meilleures pratiques observées, on étudie la possibilité de les adapter à son organisation et on décide de mener des actions de changement. On suit les résultats obtenus pour réajuster le tir le cas échéant.

Figure 20 : Le cycle de benchmarking d'Ernst & Young

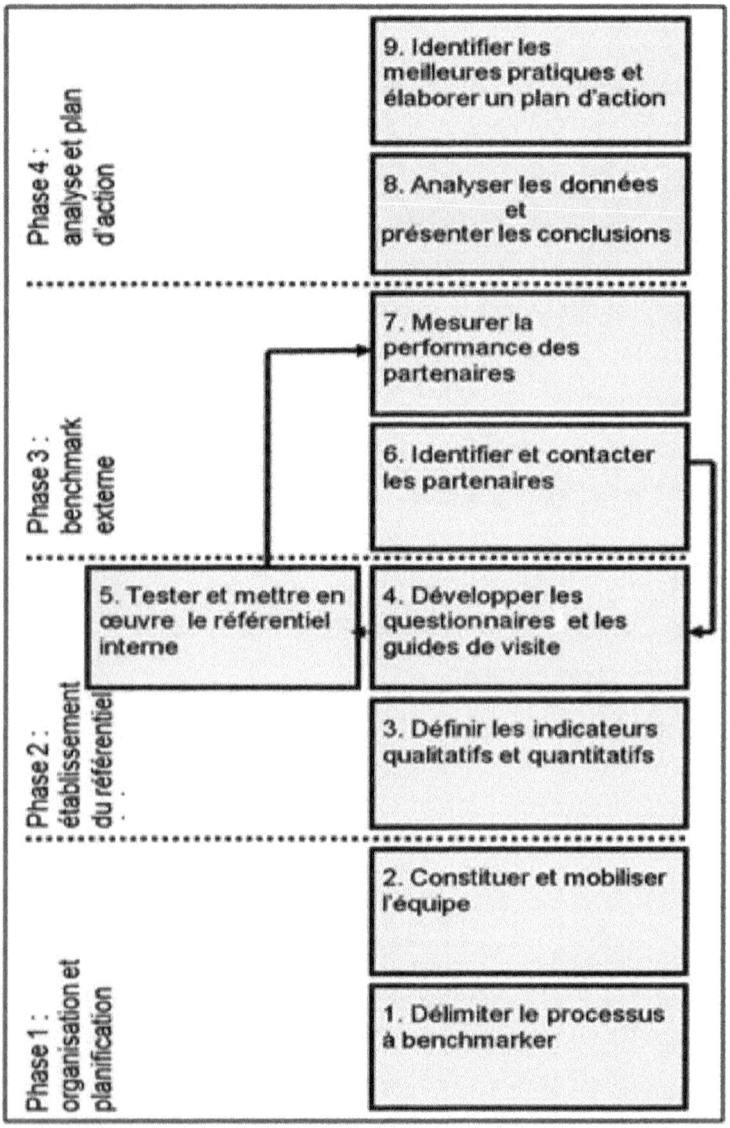

Les cycles en quatre phases sont les plus nombreux dans la littérature sur le benchmarking. Mais rien ne vous empêche d'en adopter un avec plus de phases.

Les cycles en cinq phases

Le cycle de Harrington

C'est un cycle qui sépare la collecte interne de la collecte externe des données et qui boucle avec l'amélioration continue. La collecte externe des données n'a pas forcément besoin, selon l'auteur, de visites sur site, alors qu'il les préconise en interne. On se situe dans une perspective de grand groupe.

Figure 21 : Le cycle de benchmarking de Harrington

Les cinq phases du cycle de Harrington :

Phase 1. Planification et caractérisation des phases

1. Identifier quoi benchmarker.
2. Obtenir le soutien du top management.
3. Développer le plan de mesure.
4. Développer le plan de collecte de données.
5. Faire la revue des plans avec des experts de localisation.
6. Caractériser les points du benchmark.

Phase 2. Collecte et analyse des données internes

7. Collecter et analyser les données disponibles en interne.
8. Sélectionner des sites internes de benchmark.
9. Collecter de l'information originale de recherche interne.
10. Conduire des interviews et des enquêtes.
11. Former un comité interne de benchmarking.
12. Conduire des visites internes sur site.

Phase 3. Collecte et analyse des données externes

13. Collecter l'information externe publiée.
14. Collecter de l'information originale de recherche externe.

Phase 4. Implémentation des leviers de performance

15. Identifier les actions correctives.
16. Développer un plan d'implémentation.
17. Obtenir l'approbation du top management sur la solution et l'état futur à atteindre.
18. Implémenter la solution et mesurer l'impact.

Phase 5. Amélioration continue

19. Maintenir la base de données de benchmarking.
20. Implémenter l'amélioration continue de la performance.

Le cycle de Büyüközkan & Maire

Ce cycle distingue le benchmarking *stricto sensu* du benchmarking *largo sensu*. Au sens le plus étroit, le benchmarking, c'est la collecte des informations externes, l'analyse des écarts et le choix de la future réalisation.

Figure 22 : Le cycle de benchmarking de Büyüközkan-Maire

PHASES	ETAPES		
I. Mesure de la performance interne	1. Définir les activités, leurs résultats et leurs clients	2. Déterminer les bonnes mesures	3. Revoir et améliorer la performance actuelle
II. Pré-benchmarking	6. Déterminer les méthodes d'acquisition des informations	5. Choisir les partenaires de benchmarking	4. Etablir des priorités et définir le sujet
III. Benchmarking	7. Collecter et organiser les éléments recueillis	8. Analyser les écarts de performance	9. Evaluer la future réalisation
IV. Post-benchmarking	10. Mettre en œuvre les actions	11. Développer des plans d'action	12. Communiquer les résultats et fixer des objectifs
V. Observation et ajustement	13. Vérifier l'intégration des actions	14. Estimer le succès du projet et recalibrer les objectifs	15. Ajuster les objectifs et recommencer le cycle

Dans une organisation avec un système de management bien intégré, la phase 1 est intégrée dans le processus stratégique et les phases 4 et 5 dans le processus d'amélioration continue.

Les cinq phases du cycle de Büyüközkan-Maire :

Phase 1. Mesure de la performance interne

L'organisation évalue son propre processus, son système ou sa pratique et détermine les indicateurs d'évaluation employés pour les comparer à ceux des partenaires de benchmarking.

Phase 2. Pré-benchmarking

L'organisation recherche et identifie les meilleurs sur le sujet (concurrents ou pas). Elle les invite à l'exercice.

Phase 3. Benchmarking, collecte des informations

La méthode distingue deux approches sur cette phase :

- le benchmarking simple qui consiste pour elle à collecter les informations sur le sujet relatives aux différents « benchmarkés » ;
- le benchmarking poussé qui consiste à rencontrer les cibles identifiées et à effectuer des visites chez elles.

Phase 4. Post-benchmarking

L'organisation adapte chez elle les « bonnes pratiques » qui ont été détectées, analysées et retenues pour leur pertinence. Elle met également à jour sa base de connaissances avec les informations et apprentissages issus du projet de benchmarking pour pouvoir s'en resservir lors des projets suivants.

Phase 5. Observation et ajustement

L'organisation mesure et évalue les progrès réalisés et ajuste ses plans d'action.

Gerald Balm, qui a adopté ce modèle, insiste sur le fait qu'il faut collecter les données efficacement selon :

- le type de données (résultats, tendances, ratio...) ;
- la quantité de données (le temps disponible pour les collecter, les vérifications nécessaires...) ;
- l'exactitude des données (précision, vérification, importance...) ;
- le coût des données (le coût financier et le temps pour la collecte et l'analyse...) ;
- le choix des personnes qui vont recueillir les informations.

Le cycle de Karlöf

Ce cycle se structure de la manière suivante :

Phase 1. Décider quoi benchmarker.
Phase 2. Identifier les partenaires.
Phase 3. Collecter l'information.
Phase 4. Analyser.
Phase 5. Implémenter.

Figure 23 : Le cycle de benchmarking de Bengt Karlöf

Les cycles en six phases

Le cycle de Nevaoconseil

Ce cycle, qui est celui d'une société de consulting, insiste sur la phase d'appropriation par l'organisation des leçons tirées de l'exercice de comparaison des performances et méthodes.

Les six phases de Nevaoconseil :

Phase 1. Diagnostic

Étape 01 : analyser les activités et leurs résultats.

Étape 02 : analyser les systèmes de mesure et les mesures réalisées.

Étape 03 : évaluer la performance actuelle de l'entreprise.

Phase 2. Planification

Étape 04 : constituer et former l'équipe.

Étape 05 : définir l'objet du benchmarking et les benchmarks.

Étape 06 : identifier les meilleures organisations et sélectionner les partenaires potentiels.

Étape 07 : établir la relation et rédiger le protocole d'accord.

Étape 08 : déterminer une méthode de collecte de données et de recherche d'informations.

Phase 3. Traitement de l'information

Étape 09 : collecter et organiser les données.

Étape 10 : analyser les indicateurs et comparer les écarts de performance.

Étape 11 : comprendre l'écart et fixer les futurs niveaux de performance.

Phase 4. Appropriation

Étape 12 : communiquer les résultats du benchmarking.

Étape 13 : établir les objectifs fonctionnels et opérationnels.

Étape 14 : élaborer les plans d'action et allouer des ressources.

Phase 5. Action

Étape 15 : mettre en œuvre les actions définies.

Étape 16 : évaluer la performance.

Étape 17 : encourager les prises d'initiatives.

Phase 6. Suivi et ajustement

Étape 18 : analyser les retours d'expérience.

Étape 19 : ajuster si nécessaire.

Étape 20 : pérenniser la pratique du processus.

Le cycle d'Asian Productivity Organization

Ce cycle est celui d'une institution asiatique, l'Asian Productivity Organization (APO), dont le siège est à Tokyo, qui manage des sessions de benchmarking pour les organisations des pays membres, au même titre que l'EFQM, dont le siège est à Bruxelles, le fait en Europe. Il est structuré comme suit.

Les six phases de l'APO :

Phase 1. S'assurer de la participation d'organisations performantes dans chaque pays membre :

- identifier les organisations;
- obtenir leur accord pour participer au projet;

- informer et former les représentants des organisations participantes ;
- assurer le suivi et le maintien de l'adhésion au projet.

Phase 2. Conduire une réunion de planification :

- confirmer les points détaillés à étudier ;
- finaliser les plannings, le périmètre, les mesures et les définitions ;
- développer l'approche et les outils de collecte des données ;
- décider de la stratégie d'analyse des informations.

Phase 3. Collecter et analyser les données :

- collecter les données ;
- analyser les données ;
- préparer le rapport sur les meilleures pratiques détectées.

Phase 4. Apprendre des meilleures pratiques :

- planifier des sessions de travail et d'apprentissage ;
- conduire les sessions ;
- compiler et diffuser le rapport d'apprentissage des meilleures pratiques ;
- faire valider le rapport par les organisations participantes ;
- finaliser et diffuser le rapport.

Phase 5. Intégrer les leçons apprises et effectuer un suivi :

- disséminer les leçons apprises via les partenaires nationaux ;
- définir le cadre de poursuite des relations avec les détenteurs de meilleures pratiques (visites sur site…) ;
- inviter les organisations participantes à développer les plans d'action et à les implémenter.

Phase 6. Revoir le processus et planifier la suite :

- faire une synthèse des bénéfices de la démarche ;
- évaluer le processus adopté pour l'améliorer ;
- planifier la collaboration internationale de suivi ;
- identifier des sujets pour les projets ultérieurs.

Figure 24 : Le cycle de benchmarking de l'APO

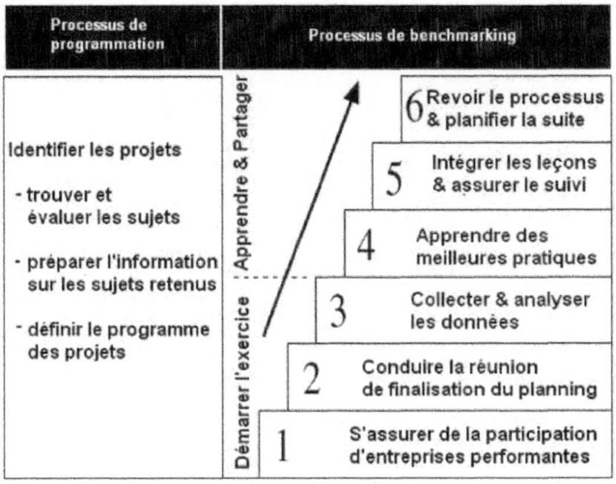

L'APO, qui a mission de renforcer la productivité et compétitivité des entreprises de ses pays membres, a créé et développé un réseau des meilleures pratiques, le BPN (*Best practice network*) pour générer de la connaissance, la partager et la transférer pour les aider à s'améliorer et à s'adapter de manière plus conséquente et plus rapide.

Les cycles en sept phases

Le cycle d'Alberta

Ce cycle conçu pour le secteur public canadien peut aussi être adapté au secteur privé. Sa structure est la suivante.

Figure 25 : Le cycle de benchmarking de l'Alberta State

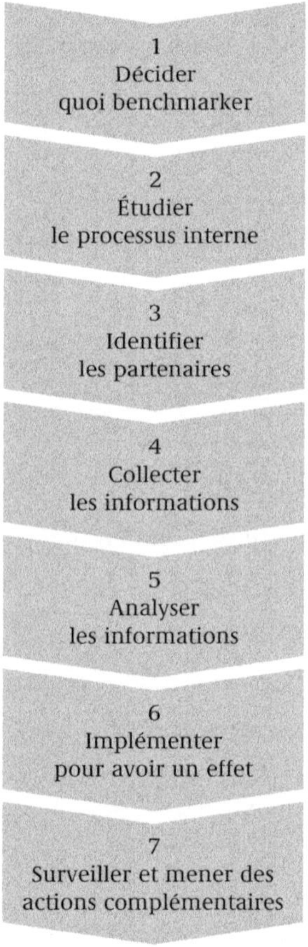

Les sept phases du cycle d'Alberta :

Phase 1. Décidez quoi benchmarker

Considérez pour cela où vous avez des goulots d'étranglement dans les processus, d'où viennent la plupart des réclamations, qu'est-ce qui ternit l'image de votre organisation, quelles performances sont les plus attendues par vos parties prenantes, où sont vos plus grandes opportunités de gains, quelles activités consomment le plus de ressources... Faire du benchmarking sur ces points amènera les plus grands bénéfices.

Phase 2. Étudiez le processus dans votre propre organisation

Rendez votre équipe aussi familière que possible avec les détails du domaine observé et comparé pour :

- tirer tous les bénéfices des futurs échanges avec les partenaires ;
- pouvoir répondre aux questions des partenaires qui attendent de tirer des bénéfices de votre expérience ;
- commencer à poser les jalons du changement en créant la conscience de sa nécessité ;
- détecter les éléments de votre système qu'il sera impossible de changer sur la période du projet.

Phase 3. Identifiez vos partenaires de benchmarking

Renseignez-vous bien par tous les moyens disponibles sur les partenaires potentiels pour avoir un choix éclairé. Sélectionnez-les, non seulement sur leurs caractéristiques, mais aussi à partir du niveau de votre organisation, pour ne pas être victime d'un décalage de niveau trop important qui non seulement rendrait difficile votre apprentissage, mais aussi quasiment impossible le transfert et l'adaptation des bonnes pratiques dans votre organisation.

Phase 4. Collectez l'information

L'information peut être obtenue par tous canaux disponibles : publications, Internet, épluchage d'archives, interviews téléphoniques, visites sur site, enquêtes...

Si l'information est vraiment importante pour l'étude, demandez-la sous la forme la plus simple à collecter. Si elle n'est pas essentielle, ne la demandez pas. Ne demandez jamais une information que votre organisation n'est pas prête à donner en échange.

Phase 5. Analysez l'information

Essayez de trouver un gap de performance entre votre organisation et celle de vos partenaires de benchmarking pour identifier et instruire les améliorations à mener.

Utilisez toute la boîte à outils de la qualité pour faciliter cette analyse.

Veillez à transformer vos constats et découvertes en recommandations spécifiques et actionnables.

Pour le choix des actions, posez-vous des questions de ce type :

- quel changement peut être conduit de la manière la plus économique ?
- quel changement est susceptible d'apporter le plus de résultats ?
- quel changement présente le moins de risques de désorganisation, de résistance ? etc.

Phase 6. Implémentez pour avoir un effet

Établissez un plan d'action qui formalise les étapes du changement à conduire, les responsabilités, les ressources affectées et les délais. N'oubliez pas de définir les adaptations nécessaires des bonnes pratiques détectées à votre propre contexte et de surveiller leur réalisation effective.

Phase 7. Surveillez les résultats et menez des actions complémentaires selon le besoin

Mettez en place les outils de surveillance et de mesure non seulement du progrès accompli dans le déroulement du projet, mais aussi de la nouvelle pratique ou du processus amélioré. En cas de non-atteinte des objectifs fixés, identifiez les actions complémentaires à mener ou les adaptations complémentaires à mettre en place.

Notons que cette démarche contient, dans la phase 2, une tâche sensible : la détermination des conditions, contraintes et limites à prendre en compte pour réaliser le changement rêvé.

Le cycle du Juran Institute

Ce cycle est celui d'un cabinet de conseil américain qui anime des opérations de benchmarking international dans de multiples secteurs économiques.

Les sept phases du cycle du Juran Institute :

Phase 1. Planifier et démarrer le projet

Une réunion de lancement du benchmarking est organisée pour discuter et trouver un consensus sur les indicateurs clés de performance (KPIs : *key performance indicators*), développer un modèle de métriques, fixer les dates butoir et signer les protocoles de confidentialité.

Phase 2. Collecter et normaliser les données

Les documents de collecte des données (DCD) sont conçus, les indicateurs et les métriques sont définis et un glossaire en est réalisé (pour éviter confusion et mauvaise interprétation).

La collecte des données est réalisée via formulaire Internet et chaque participant reçoit une visite sur site d'un consultant pour effectuer des calculs de complexité.

Phase 3. Analyse, validation et identification des meilleures pratiques

Les données collectées sont traitées et analysées. Il en résulte :

- une identification des pratiques dans les domaines clés analysés ;
- une vue d'ensemble du positionnement des performances des organisations participantes ;
- une analyse spécifique de *gap performance* pour chaque partenaire.

Phase 4. Rédiger et présenter le rapport

Le Juran Institute prépare et rédige un rapport spécifique pour chaque participant conformément au protocole de confidentialité signé antérieurement.

Phase 5. Susciter l'apprentissage des meilleures pratiques

Des praticiens des meilleurs de la classe (BIC : best in class) sont invités pour présenter aux participants le détail des meilleures pratiques identifiées.

Phase 6. Planifier et implémenter les actions d'amélioration

Chaque organisation participante décide de mener les actions d'amélioration qui lui sont propres en fonction de son apprentissage.

Phase 7. Institutionnaliser l'apprentissage

Le benchmarking ne doit pas être une activité isolée, mais alimenter l'amélioration continue des organisations participantes. Pour les aider dans cette voie, le Juran Institute met à leur disposition une base de connaissances, à l'instar de l'EFQM qui le fait pour ses membres.

Dans cette approche, les praticiens issus des meilleures organisations identifiées (spécialistes et experts du domaine benchmarké) sont invités par le Juran Institute pour présenter leurs réalisations, les approches utilisées, les difficultés rencontrées, les apprentissages faits et les résultats obtenus. Le risque est d'avoir affaire à un discours de réécriture de l'histoire qui embellit la réalité pour des raisons de prestige.

Figure 26 : Le cycle de benchmarking du Juran Institute

ANALYSE DE POSITIONNEMENT

Phase 1
Planifier et démarrer le projet

Phase 2
Collecter et normaliser les données

Phase 3
Analyser et identifier les meilleures pratiques

Phase 4
Rédiger et présenter le rapport

Phase 5
Susciter l'apprentissage des meilleures pratiques

Phase 6
Planifier et implémenter les actions d'amélioration

Phase 7
Institutionnaliser l'apprentissage

APPRENTISSAGE

Les cycles en huit phases

Le cycle de e-service-expert

Ce cycle a été conçu pour benchmarker des réalisations et mises en œuvre exemplaires d'applications informatiques.

Figure 27 : Le cycle de benchmarking e-service-expert

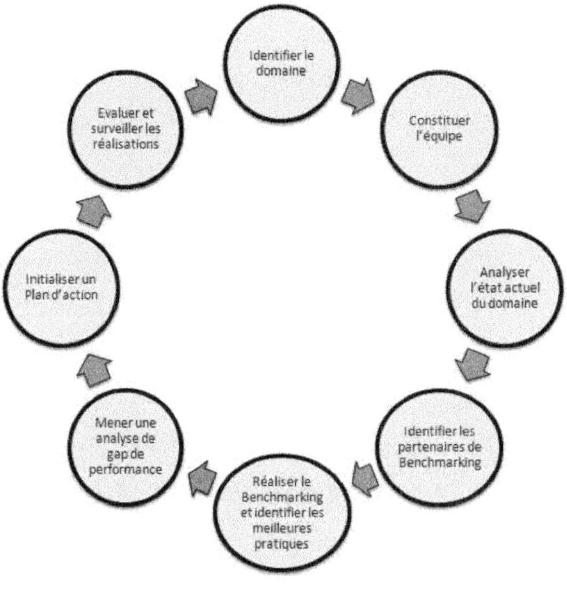

Les huit phases du cycle e-service-expert :

Phase 1. Identifier le domaine

Vous voulez créer un nouveau service ou implanter une nouvelle application informatique et vous voulez savoir comment d'autres ont fait cela et quels enseignements ils peuvent vous transmettre pour gagner du temps.

Phase 2. Constituer l'équipe

Il est recommandé de constituer une équipe mixte représentant bien les différents acteurs du domaine à comparer et de se doter d'un sponsor qui a de l'autorité.

Phase 3. Analyser l'état actuel du domaine

Le *brainstorming* est préconisé pour lister les informations et les situer afin de pouvoir facilement les récupérer.

Phase 4. Identifier les partenaires de benchmarking

Il est préconisé de bien veiller à choisir des réalités comparables pour pouvoir en tirer les bons enseignements.

Phase 5. Benchmarker et identifier les meilleures pratiques

Il faut voir plus loin que les pratiques et deviner les tendances de fond sur le sujet pour pouvoir anticiper.

Phase 6. Mener une analyse de gap de performance

Vérifiez les contraintes similaires et spécifiques des différents partenaires et comment ils les ont levées.

Phase 7. Initialiser un plan d'action

Pour implémenter les meilleures pratiques, vous allez mettre en place soit un projet unique soit un programme.

Phase 8. Évaluer et surveiller les réalisations et recommencer à faire du benchmarking.

Le retour d'expérience permettra d'améliorer le cycle suivant.

Les cycles en neuf phases

Le cycle AT&T

Ce cycle insiste particulièrement sur la planification et la préparation de l'implémentation des meilleures pratiques retenues qui devront comporter une analyse des risques, des scénarios stratégiques d'implémentation et des plans opérationnels.

Figure 28 : Le cycle de benchmarking d'AT&T

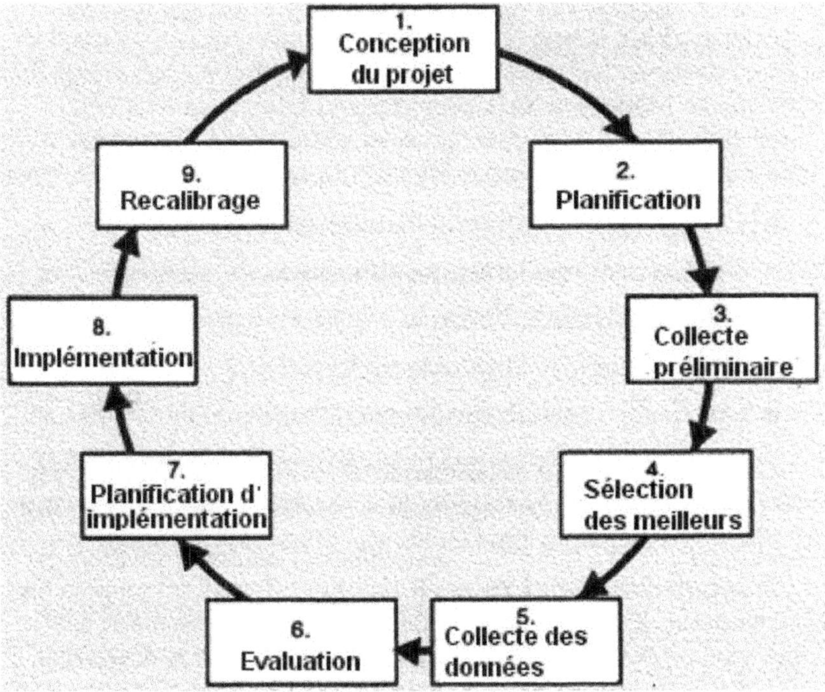

Le cycle en neuf phases d'AT&T :

Phase 1. Conception du projet :

- établir un environnement qui mène au benchmarking ;
- établir le périmètre du projet de benchmarking ;
- estimer et allouer les ressources nécessaires au projet ;
- établir un planning réaliste pour le projet ;
- constituer une équipe efficace de benchmarking ;
- développer les spécificités du projet avec l'équipe.

Phase 2. Planification :

- développer le plan qualité du projet de benchmarking ;
- effectuer la revue du plan et l'approuver.

Phase 3. Collecte préliminaire de données :

- développer les critères pour sélectionner les meilleures organisations ;
- concevoir les formulaires de collecte de données ;
- établir les techniques de collecte des données et identifier les sources ;
- collecter les données ;
- effectuer la structuration et l'analyse des données internes pour vérifier les fondations du processus.

Phase 4. Sélection des meilleures organisations :

- sélectionner les meilleurs partenaires de benchmarking sur la base de données à jour ;
- revoir et peaufiner les questions à poser durant les visites sur site.

Phase 5. Collecte des données sur les partenaires :

- revisiter l'approche de collecte des données de l'équipe ;
- planifier et préparer la collecte de données ;
- distribuer les rôles et responsabilités pour les visites ;
- préparer un package de préparation des visites ;
- réaliser le rapport de visite ;
- assurer le suivi des visites sur site.

Phase 6. Évaluation :

- analyser les données collectées ;
- définir les éléments d'un modèle de meilleur de la classe ;
- identifier les gaps entre ce modèle et la situation actuelle de l'organisation ;
- identifier les besoins d'amélioration et faire les recommandations associées.

Phase 7. Planification de l'implémentation :

- évaluer si l'organisation est prête au changement ;
- développer des plans opérationnels pour les améliorations ;
- développer des stratégies de changement ;
- développer des plans d'implémentation.

Phase 8. Implémentation

- surveiller le progrès du changement opéré ;
- manager le processus de changement.

Phase 9. Recalibrage

- définir un ensemble de leviers pour le recalibrage ;
- développer et commencer à recalibrer le processus.

Les cycles en dix phases

Le cycle EBP

Ce cycle a été développé dans l'ère de l'Internet généralisé et en préconise une utilisation variée et intense pour la collecte des données.

Les dix phases du cycle EBP :

Phase 1. Identifier les sujets et l'objet du benchmarking :

- définir le domaine à comparer ;
- définir le niveau de détail du questionnement ;
- définir les indicateurs de performance.

Phase 2. Identifier les meilleurs compétiteurs :

- utiliser les premières sources d'information (Internet, les banques de données publiques, les associations professionnelles...) ;
- s'assurer que les réalités sont comparables.

Phase 3. Fixer les méthodes de collecte de données et recueillir les données internes et externes :

- recourir aux bases de données sur Internet, aux moteurs et métamoteurs de recherche ;
- choisir des mots clés pertinents.

Phase 4. Analyser les performances et identifier les causes de variance :

- analyser les écarts de performance ;
- identifier les méthodes de référence et trouver les causes de leur supériorité.

Phase 5. Planifier les niveaux de performance futurs :

Figure 29 : Projection de l'avance concurrentielle

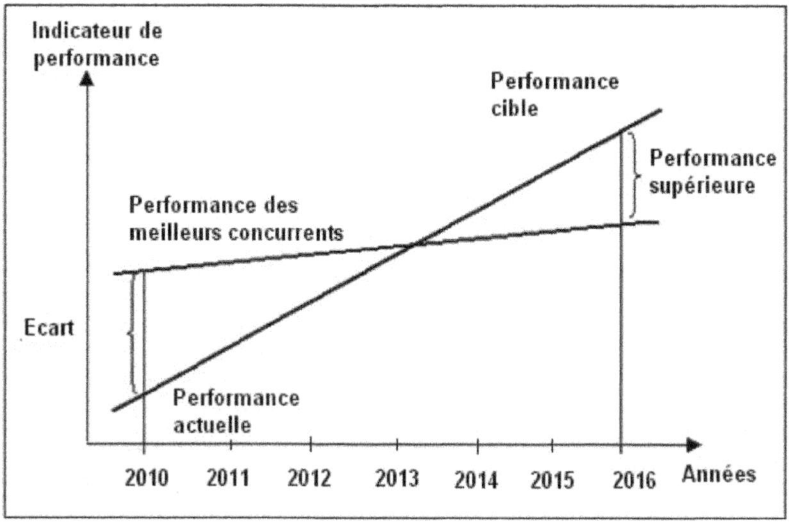

Phase 6. Communiquer les résultats de l'analyse :

- communiquer auprès de toutes les parties prenantes;
- s'assurer du bon accueil des propositions pour une mise en œuvre efficace des actions.

Phase 7. Établir les objets fonctionnels :

- pour le processus à améliorer, faire une liste des objectifs existants, réexaminer ces objectifs à la lumière des méthodes découvertes par l'enquête de benchmarking et modifier les objectifs en fonction de l'apprentissage;
- pour les approches, définir le chemin de mise en œuvre des leviers pour atteindre les objectifs modifiés.

Phase 8. Développer un plan d'action :

- appliquer les bonnes pratiques de l'état de l'art en matière de conduite de projet ;
- identifier et évaluer les risques projet.

Phase 9. Implanter et suivre les résultats :

- attribuer les activités ;
- suivre leur avancement ;
- gérer les incidents et conflits ;
- mesurer les résultats.

Phase 10. Recalibrer le benchmarking :

- obtenir le consensus sur les bénéfices de l'opération et le rôle de chaque membre de l'équipe et les limites ;
- faire passer le message que le benchmarking n'est pas un moyen de travailler plus, mais de travailler mieux ;
- faire en sorte que les résultats du benchmarking soient bien compris et bien acceptés ;
- réaliser un questionnaire pour s'assurer du niveau de compréhension du processus de benchmarking, de son importance et de sa valeur pour l'organisation.

☛ ET D'AUTRES ENCORE...

Si vous ne trouviez pas votre compte dans cette liste pour structurer votre propre cycle de vie, vous avez tout loisir d'en trouver d'autres sur Internet. La synthèse que nous en avons faite pour des entreprises ayant un système de management intégré (qualité, sécurité et santé au travail, environnement, responsabilité sociale, sécurité de l'information, maîtrise des risques, contrôle interne, innovation) est exposée au chapitre suivant.

CHAPITRE 5

Faire vivre un benchmarking dans son système de management intégré

L'articulation du benchmarking avec les autres éléments d'un système de management intégré (SMI) – qualité, sécurité et santé au travail, environnement, responsabilité sociale, sécurité de l'information, maîtrise des risques, contrôle interne ou innovation... – va apporter au système dans son ensemble de l'efficacité et de l'efficience.

Les interactions entre le benchmarking et les autres dimensions d'un SMI sont en effet nombreuses :

- la veille contextuelle alimente le benchmarking qui, en retour, oriente la veille dans des directions pertinentes ;
- le benchmarking alimente l'alignement stratégique en lui donnant une rationalité de fixation des objectifs et, en retour, la stratégie donne des orientations au benchmarking sur le choix des sujets ;
- le benchmarking dans son ensemble (et pas seulement le benchmarking « produits et services ») alimente le processus d'innovation qui, en retour, lui indique de nouvelles directions d'investigation ;
- le benchmarking alimente la maîtrise des risques d'identification de nouveaux risques non vus en interne et la maîtrise des risques aide la démarche de benchmarking à maîtriser ses risques intrinsèques ;
- le benchmarking alimente le processus d'amélioration continue de projets et actions de percée et de rupture, et ce dernier lui assure un retour de leur mise en place et de l'atteinte des objectifs.

Benchmarking et veille concurrentielle

> **À NOTER**
> Le benchmarking interne, dans les filiales par exemple, est souvent « oublié », il est pourtant une source d'améliorations non négligeable et « à portée de main »!

Grâce à la veille concurrentielle, chaque entreprise connaît parfaitement le marché sur lequel elle évolue, elle est en mesure de qualifier ses écarts de performance et de compétitivité par rapport à ses concurrents. Mais toutes les entreprises ne savent pas qu'en effectuant des comparaisons avec leurs propres filiales ou en se comparant avec d'autres sociétés évoluant dans d'autres domaines, elles peuvent progresser et améliorer leurs performances de façon très significative.
Une approche de « *business intelligence* », c'est-à-dire de veille métier généralisée, permet d'alimenter le processus de benchmarking en information de localisation des meilleures pratiques qui peuvent concerner votre organisation.

Benchmarking et stratégie

Le benchmarking est un outil d'analyse stratégique permettant de tirer profit des expériences réussies dans d'autres organisations pour les introduire dans sa propre organisation. *« Le benchmarking est une action continue de comparaison d'un processus, produit ou service avec une activité similaire réputée la meilleure, afin de fixer des objectifs et des actions d'amélioration ambitieux mais réalistes, pour devenir et rester le meilleur des meilleurs en un temps raisonnable. »* **Gerald J. Balm,** 1994. Il garantit la faisabilité des objectifs visés.

La nouvelle rationalité de fixation des objectifs acquise grâce au benchmarking pourrait se traduire de la manière suivante.Nous savons que l'objectif *x* est atteignable puisque d'autres l'ont atteint. Nous comprenons maintenant pourquoi ils ont atteint ce niveau de performance. Nous avons même trouvé des idées pour aller plus loin et des solutions pour élever cet objectif et pour faire mieux que ce que font les autres aujourd'hui et que ce qu'ils feront à court et moyen terme.

> LA CITATION

« Le benchmarking fournit à la direction d'une entreprise les outils nécessaires pour lui permettre de prendre des décisions difficiles concernant la répartition des ressources et les priorités stratégiques en lui indiquant des mesures objectives ainsi qu'en lui fournissant une carte de pointage des efforts effectués en vue de répondre aux besoins des intéressés. »
C.J. McNair & Kathleen H.J. Leibfried, Benchmarking: a Tool for Continuous Improvement, 1992.

Benchmarking et amélioration continue

Les cycles précédemment étudiés ont tous une phase d'action, c'est-à-dire de mise en œuvre des améliorations décidées à la suite des leçons apprises. *« Le benchmarking est une mise au point extérieure sur des activités internes, des fonctions ou des opérations de manière à obtenir une amélioration continue. »* **C.J. McNair & Kathleen H.J. Leibfried, 1992.**

Dans une organisation dotée d'un plan d'action unique par processus, intégrant les actions du plan de progrès au sens de la norme ISO 9001, les actions du programme santé et sécurité au travail au sens de la norme OHSAS 18001, les actions du programme environnemental au sens de la norme ISO 14001, les actions du plan de traitement de la sécurité de l'information au sens de la norme ISO 27001, les actions du programme de responsabilité sociale au sens du standard SA 8000..., la phase « action » des cycles vus précédemment appartient au processus intégré d'amélioration continue.

« Le benchmarking fonctionne probablement le mieux dans un programme TQM [total quality management]. *Mais il peut être mené indépendamment. En fait, c'est ce qui s'est passé chez Xerox. Nous avons commencé le benchmarking en 1979, et nous ne l'avons pas intégré dans notre approche qualité avant 1982. Si vous faites du benchmarking sans le contexte d'un programme TQM, il est possible que vous alliez perdre tout cet effort en implantant quelques pratiques unitaires excellentes dans une organisation qui est conduite dans une mauvaise direction. Mais j'aime à penser que le fait de surveiller les meilleurs va vous éviter cela. »*
Robert Camp[5].

☛ LE BENCHMARKING, POURVOYEUR D'AMÉLIORATION

Dans un système de management intégré (SMI), le benchmarking est donc un pourvoyeur d'actions et de projets d'amélioration au même titre que l'analyse des problèmes (réclamations, non-conformités, incidents et accidents...), les audits, les auto-évaluations, les analyses de risques et toutes les autres pratiques d'excellence que vous aurez pu développer.

5. *The Healthcare Forum Journal*, January-February 1993, Vol. 36, #1.

Le benchmarking et les processus d'innovation

Contrairement à ce que l'on pense souvent, le benchmarking alimente le processus d'innovation à plusieurs stades et pas seulement au moment du désossage et de l'étude des produits des concurrents appelé « benchmarking produit » ou « *reverse engineering* ».

Pour le démontrer, utilisons la fameuse méthode du QFD (*quality function deployment*) avec ses quatre maisons :

- la maison du client ;
- la maison du produit ;
- la maison du processus ;
- la maison de la qualité.

En général, dans chaque maison, les éléments de benchmarking du type solutions, approches, composants, processus, éléments de contrôle qualité se trouvent dans la chambre de droite sur le schéma de la maison (voir figures 30 et 31 en pages suivantes) et les benchmarks des niveaux de performance des concurrents dans le sous-sol des maisons avant le niveau de définition des cibles pour le nouveau produit ou service ou processus ou système de contrôle qualité.

La première maison est directement alimentée par l'analyse des réponses des concurrents aux exigences critiques des clients et autres parties prenantes et par le niveau de performance des offres concurrentes.

Figure 30 : Benchmarking et maisons 1 et 2 du Quality function deployment

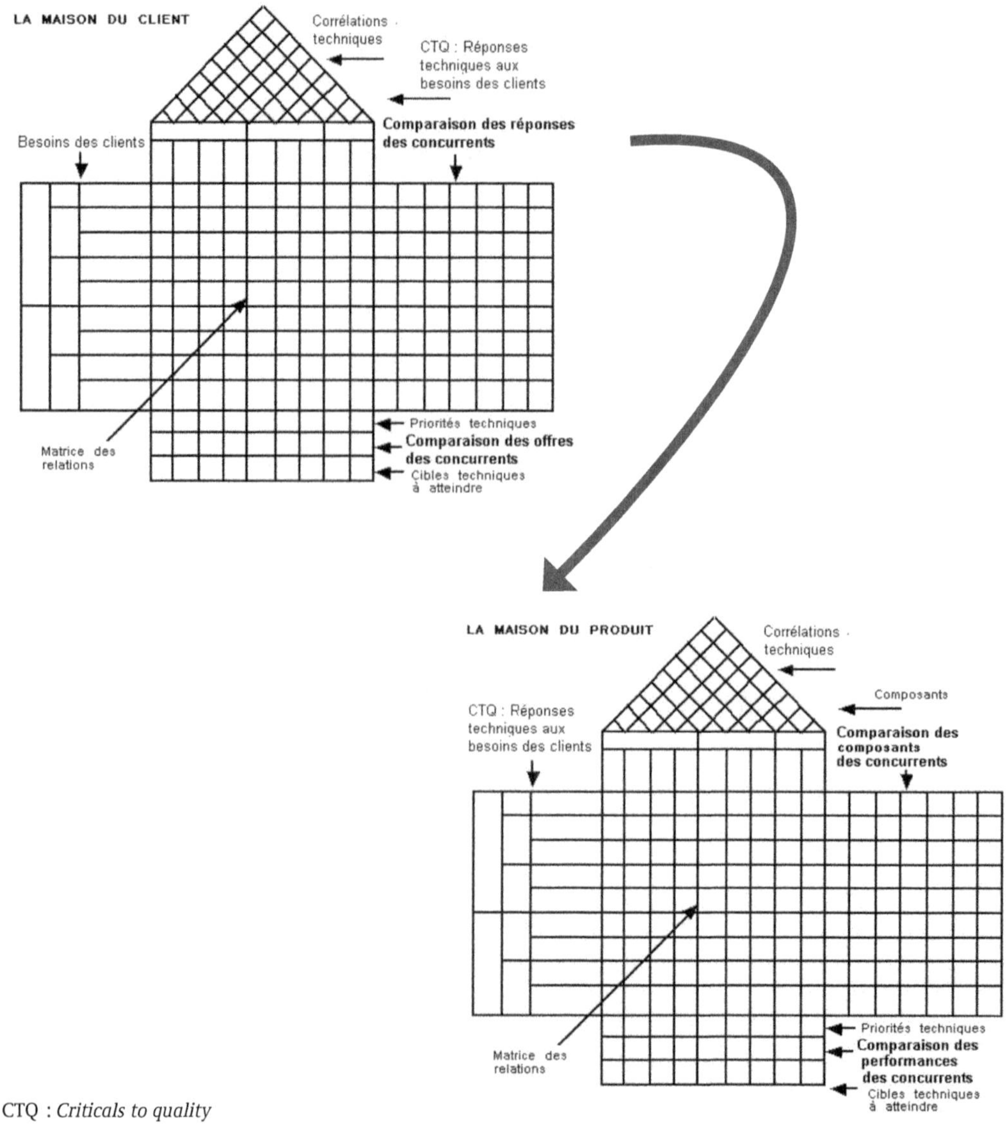

CTQ : *Criticals to quality*

Figure 31 : Benchmarking et maisons 3 et 4 du Quality function deployment

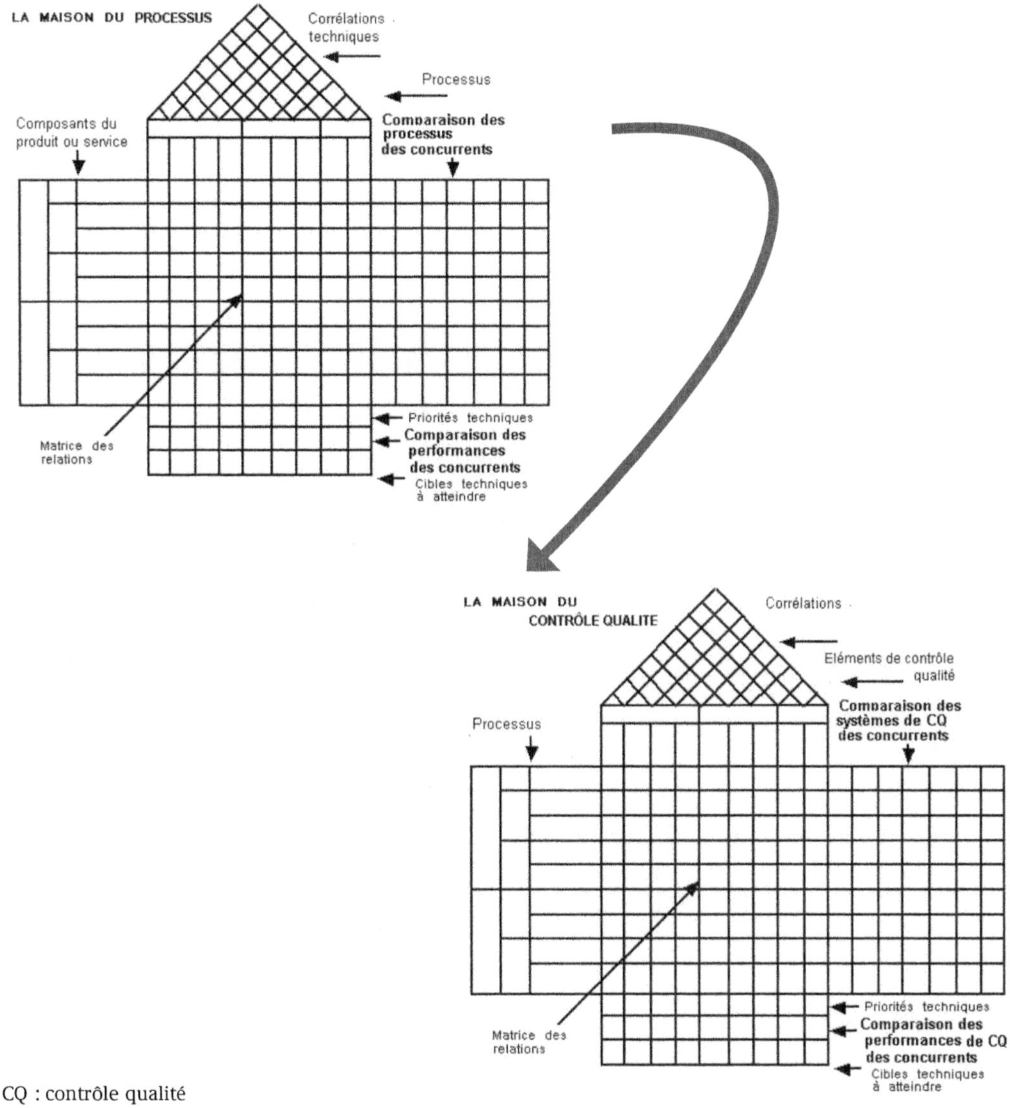

CQ : contrôle qualité

La seconde maison est alimentée par les composants utilisés par les concurrents pour le produit ou service et par les performances techniques et financières de ces composants pour pouvoir fixer les performances cibles des composants des nouveaux produits ou services.

La troisième maison est alimentée par les procédés et processus utilisés par les concurrents et leurs performances techniques pour pouvoir fixer les performances cibles des procédés et processus en charge de produire les nouveaux produits ou services.

La quatrième maison enfin est alimentée par les éléments de contrôle qualité mis en place par les concurrents et leurs exigences pour pouvoir fixer les exigences cibles des éléments de maîtrise et des contrôles qualité sur les processus et les produits ou services.

☛ BENCHMARKING À TOUS LES ÉTAGES

À tous les stades du cycle de conception et de développement d'un nouveau produit ou service, le processus d'innovation a tout intérêt à recourir fortement au benchmarking. Les pilotes de processus pourront ainsi s'assurer de la pertinence de leurs choix techniques, financiers, esthétiques et autres en matière de nouveaux produits et services et des processus qui seront en charge de les produire. En effet, mettre sur le marché des produits moins performants à des coûts plus élevés que les concurrents, c'est se tirer une balle dans le pied. Il vaut donc mieux l'éviter.

Les quatre phases d'un benchmarking au sein d'un système de management intégré

Dans notre approche, l'objet du benchmarking est une donnée d'entrée du processus. Il vient du processus stratégique ou d'autres processus qui ont mis en évidence le besoin de voir ailleurs ce qui s'y fait de mieux sur le sujet.

En sortie, le livrable du benchmarking est un rapport d'analyse ainsi qu'un dossier et d'instruction des actions à mener avec une étude d'opportunité et de faisabilité, une étude de risques projets et un plan qualité projet indicatif pour le futur chef de projet. La suite est du ressort du pilotage intégré de l'amélioration continue qui doit mener à terme les actions et projets :

- d'amélioration incrémentale (au sens Kaizen) ;
- d'amélioration de percée (au sens Lean-Six Sigma) ;
- d'amélioration de rupture (au sens *Business process reengineering*).

Nous avons structuré les activités entre ces deux frontières en quatre phases :

- la phase de planification ;
- la phase de collecte séparée en deux étapes :
    - la collecte interne de données ;
    - la collecte externe de données ;
- la phase d'analyse ;
- la phase d'adaptation.

PLANIFICATION	COLLECTE		ANALYSE	ADAPTATION
	INTERNE	EXTERNE		
OBJET – Sujet – Périmètre (exclusions) – But/finalité/intention **PARTENAIRES** – internes – externes **MÉTHODE** – démarche ; – séquencement du projet – granularité des activités. **SUPPORTS DE COLLECTE** – questionnaire sur les pratiques et approches – grille de mesures comparatives : finesse des indicateurs – outils utilisés	**PORTEURS D'ENJEUX** – Attentes des clients – Attentes des autres parties prenantes **APPROCHES** Rationalité des méthodes par questionnaire et entretiens **RÉSULTATS** Pertinence des mesures par extractions et relevés	**PORTEURS D'ENJEUX** – Attentes des clients – Attentes des autres parties prenantes **APPROCHES** Rationalité des méthodes par questionnaire et entretiens **RÉSULTATS** Pertinence des mesures par extractions et relevés	**LES POINTS COMMUNS** – Les mêmes pratiques – Les mêmes résultats **LES POINTS CONTRASTÉS** – Les différences de pratiques et d'approches – Les différences de résultats de performance **LES ARTICULATIONS ORIGINALES** **LES LEVIERS DE LA PERFORMANCE : liens de cause à effet** Quelles sont les différences qui font la différence ?	**SITUATION FUTURE À ATTEINDRE** **SÉLECTION DES LEÇONS CLÉS À APPLIQUER** **ACTIONS À MENER** Applicabilité chez soi : – à quelles conditions ? – avec quels efforts ? – pour quels résultats ? **PRÉPARATION DU CHANGEMENT** Plan projet : étude d'opportunité et de faisabilité AMDEC projet (analyse des modes de défaillances, de leurs effets, de leur criticité)
	Finalisation des supports de collecte de l'information interne et externe si problèmes survenus durant le test	Second niveau de sélection des partenaires pour visite sur site si résultats de l'enquête trop hétérogènes		
En cas de risques juridiques et autres, établissement d'un protocole	Tableau croisé approches « questions/réponses par partenaire » ; points communs et spécificités Tableau croisé résultats « indicateur/réalisé par partenaire » ; visualisation des *gaps* de performance Normalisation et vérification de véracité, d'intégrité…		**PERSPECTIVES** Où en sera le meilleur dans 3 à 5 ans ? **LES LEÇONS CLÉS**	**GO / NO GO** Décision de déploiement des actions **BILAN & REX (retour d'expérience)**

Figure 32 : Le cycle de benchmarking intégré au système de management intégré (SMI)

Phase 1. La planification

Dans cette phase, on définit précisément l'objet du benchmarking, le sujet traité, le périmètre et les exclusions, le but et la finalité de l'exercice et l'intention. Cela se fait à partir de la commande en entrée du processus. Comme dans toute maîtrise de processus, on commence par spécifier les exigences du client de l'opération. C'est par rapport à ce cahier des charges qu'on pourra établir un retour d'expérience et un bilan de l'opération.

> ATTENTION

Cette phase est essentielle, il faut toujours garder à l'esprit la finalité de l'exercice et bien spécifier les exigences du client et son cahier des charges.

On recherche et on identifie des partenaires potentiels internes et externes pour l'exercice et les acteurs. On s'assure en interne que les acteurs sont formés au benchmarking, que ce sont des professionnels de leur domaine et qu'ils ont le bon état d'esprit nécessaire à l'exercice.

On définit la méthode utilisée :

- la démarche et le séquencement des étapes ;
- le niveau de granularité des activités ;
- les méthodes (enquêtes, présentations, entretiens, visites...) ;
- les livrables des différentes étapes.

On élabore les supports de collecte et de comparaison des données ainsi que les questionnaires sur les pratiques. On choisit les outils utilisés (supports papier, logiciels...).
En cas de risques juridiques ou éthiques, on élabore un protocole de benchmarking pour les prévenir.

> IMPORTANT

La qualité de la préparation est essentielle et incontournable pour le succès d'un projet de benchmarking.

Phase 2. La collecte

Cette phase se déroule en trois étapes :

- la collecte interne et la mise au point des supports;
- la collecte externe;
- la comparaison des performances et pratiques.

La collecte interne doit impérativement revisiter les attentes des clients et autres parties prenantes du domaine étudié, s'assurer de la qualité des données collectées sur les résultats et définir le niveau de détail de description des pratiques et leviers mis en œuvre.

> À SAVOIR

La collecte, c'est se confronter au principe de réalité, se mettre face au réel, « sortir de sa boîte » et garder l'esprit ouvert.

Pour la collecte externe, il faut pousser les productifs directs à sortir de l'organisation, à visiter d'autres organisations. Rien de tel que le *gemba* (le réel en japonais); il est plus fiable que dix discours ! Il faut les aider en préparant bien avec eux le déplacement lors d'une réunion préliminaire, au cours de laquelle sont définis des groupes d'observation, qui ont chacun un objectif d'apprentissage précis en fonction de l'objet de la visite et des préoccupations internes.

Ne pas oublier à cette occasion de poser des questions sur ce que pensent les acteurs rencontrés chez les partenaires de benchmarking sur les attentes des clients et autres porteurs d'enjeux.

Après la visite, un compte rendu à chaud est rédigé avec des points d'étonnement, des points forts, des points faibles, des éléments transposables. Si le déplacement ne concerne qu'un individu, il est tenu de respecter la même procédure pour ramener au moins une idée d'action d'amélioration.

Une fois les informations internes et externes collectées, elles sont mises en forme et normalisées pour pouvoir être analysées facilement. N'hésitez pas à utiliser au maximum les matrices et graphiques pour faire apparaître les similitudes et différences. Il se peut que cette étape nécessite de recontacter des partenaires pour compléter ou modifier les données collectées pour les besoins de normalisation avant analyse.

Phase 3. L'analyse

Cette phase est le cœur du réacteur « benchmarking ». Jusqu'à présent, on s'est assuré qu'il va être alimenté de données fiables, complètes et pertinentes. Maintenant, il va falloir s'assurer que la réaction (au sens nucléaire) va se produire.

Une bonne mise en jambes va consister à trouver un consensus sur tous les points communs et tous les différentiels entre partenaires et les spécificités et originalités propres aux meilleurs. Ensuite, on passe à l'analyse des causes de la performance. Pour cet exercice, il ne faut pas hésiter à recourir à la boîte à outils qualité. Par exemple, le diagramme des causes peut très bien servir cette tâche. Je suis souvent étonné dans mon activité d'enseignant et de conseil que les gens ont du mal, du fait de leurs a priori, à jongler avec les outils hérités de l'histoire de la qualité. Non, le diagramme d'Ishikawa n'est pas seulement un outil de recherche des causes des problèmes et accidents ! Il peut très bien servir à la recherche des causes du succès.

> À NOTER
Il est toujours utile de rechercher les causes d'échec, mais sans oublier que l'on apprend aussi beaucoup en analysant les causes du succès !

Dans cette recherche des causes concourant à l'obtention de la performance exceptionnelle (*out standing*), il ne faut surtout pas oublier de mettre en évidence les différences qui font la différence. Ces leviers sont souvent invisibles au premier regard. Ils se situent en coulisse et pas sur scène. Des processus, tout le monde peut en concevoir, des machines et équipements peuvent être achetés, des méthodes peuvent être appliquées, des mesures peuvent être mises en place, des objectifs peuvent être fixés, la communication peut être introduite ou améliorée, etc. Quand l'état de l'art et de la technologie est là et qu'il y a des différences de performance, alors posez-vous la question : « pourquoi diantre sont-ils aussi bons ? ». En progressant dans l'analyse, vous verrez que ce sont souvent des éléments non copiables et non achetables qui font la différence : les composantes « *soft* » du succès à savoir :

- la capacité à instruire collectivement la prise de décision ;
- l'éthique et les valeurs pratiquées par les équipes ;
- le climat affectif et émotionnel au travail ;
- la capacité d'anticiper collectivement les risques et de les prévenir ;
- la capacité d'apprentissage collectif,
- le partage de rêves collectifs[6].

6. Florent A. Meyer, « Radarising inforganisations... », 2005.

Si vous êtes dans un exercice de benchmarking concurrentiel ou que vous voulez vraiment devenir le meilleur sur le sujet, alors vous aurez à faire de la prospective à ce stade en vous posant la question : « Dans trois à cinq ans où va être rendu le meilleur d'aujourd'hui ? ». En effet, si votre ambition est d'être le meilleur dans trois à cinq ans, il vous faut anticiper la progression du meilleur d'aujourd'hui. Il faudra non seulement être meilleur qu'il n'est aujourd'hui, mais être meilleur qu'il ne sera au terme ciblé.

Enfin, il est important de passer du temps à formaliser les cheminements et les fruits de l'analyse dans un rapport des leçons apprises (*lessons learned*) et découvertes clés faites (*key findings*). Ce rapport va non seulement servir aux acteurs chargés de la mise en œuvre des solutions retenues pour l'amélioration, mais va permettre d'avoir un retour d'expérience consistant sur la capacité d'analyse collective de votre organisation.

☛ JOUEZ COLLECTIF !

Attention, cette phase d'analyse est beaucoup trop importante pour être laissée à des consultants ou à des individus seuls. Jouez la création collective de sens et vous serez gagnants !

Phase 4. L'adaptation

Cette phase démarre par la clarification de la situation cible à atteindre. L'exercice se fait sur la base des attentes des clients et autres parties prenantes, revues et analysées grâce surtout à l'acquis de la collecte externe, en cohérence avec les impératifs stratégiques.

> À SAVOIR

Dressez des priorités, toutes les actions ne seront peut-être pas gérables ensemble par votre organisation. Ayez une vision tactique de la situation.

Ensuite, on « priorise » les leçons apprises et opportunités d'amélioration détectées à l'aune des objectifs visés et on les articule en actions, projets ou programmes selon l'ampleur du changement souhaité.

Puis, pour chaque item cohérent de changement, on propose les actions détaillées à mener, on étudie les conditions d'applicabilité des bonnes pratiques dans son organisation, on évalue les efforts à produire et les bénéfices attendus.

La fixation des priorités au sein de cet ensemble d'actions va ensuite être instruite par l'utilisation de diagrammes de type « importance/urgence », « bénéfices/investissements », « gains/risques » et d'abaques de « priorisation » par rapport à la stratégie, à la tactique concurrentielle, etc.

Une présélection des actions peut s'opérer à ce stade à partir de ces éléments. Ceci est d'autant plus important si on a trop d'actions et si l'organisation ne sera visiblement pas capable de toutes les mener en même temps.

Ferme partisan du management « par le chemin » et opposé au seul management « par les résultats », je préconise à ce stade de préparer l'étude d'opportunité et de faisabilité, l'analyse des risques projet et une ébauche de plan qualité pour maîtriser le changement dans ses deux dimensions : technologique et sociale. Le comité de direction aura ainsi tous les éléments en mains pour prendre des décisions avisées sur les changements proposés. De plus, les pilotes qui seront désignés sur les différents projets auront des cahiers des charges clairs et tous les éléments pour bien initialiser puis conduire leurs projets.

Faire une revue d'un projet de benchmarking veut dire deux choses :

- établir un bilan du projet et vérifier que les principaux étonnements, les leçons apprises et les découvertes clés ont bien été transmis à tous les processus de l'organisation qui en ont besoin : innovation, stratégie, marketing, production, services, supports...
- détecter les améliorations à apporter à la démarche de benchmarking elle-même.

Bref, c'est, d'une part, s'assurer que l'on a rentabilisé au maximum l'investissement dans le projet et, d'autre part, se poser collectivement un certain nombre de questions pour s'assurer que l'on dispose toujours de la capacité à apprendre des succès des autres organisations et l'agilité mentale collective pour se remettre en cause grâce à cet apprentissage.

Pour effectuer cette revue efficacement, utilisons la boucle RADAR[7] :

- **R** : Quels résultats visions-nous par ce projet ?
- **A** : Quelles approches avons-nous utilisées ?
- **D** : Qui avons-nous impliqué ?
- **A** : Comment avons-nous mesuré notre performance ?
- **R** : Quelle est notre capacité à nous remettre en cause et à nous améliorer sur ce sujet ?

Enfin, le pilote du projet de benchmarking s'assure, avant de passer à autre chose, de la capitalisation des données, des informations et des connaissances dans une base informationnelle de benchmarking. Il est important que ces éléments soient accessibles lors des prochains projets de benchmarking sur ce domaine (tout le corpus) ou d'autres domaines (aspects méthodologiques et d'apprentissage). Les pilotes des projets et actions d'amélioration issus du benchmarking mettront à jour cette base avec les mesures des résultats obtenus. Tous les éléments requis pour une clôture du projet seront présents.

7. Florent A. Meyer, *Radarise Your Business for Success*, EFQM, 1re édition 2005, 2e édition 2010.

☛ DU GRAIN À MOUDRE POUR LA REVUE DE DIRECTION

Dans un système de management intégré, cette clôture du projet de benchmarking doit « boucler » avec la revue de direction qui statuera sur son efficacité. Les données de sortie des projets de benchmarking constituent en effet des données d'entrée de cette revue. Malheureusement, sur une cinquantaine d'audits « qualité, environnement, sécurité & santé, responsabilité sociale, sécurité de l'information » menés ces dernières années, je n'ai constaté cette pratique qu'une seule et unique fois. Il reste du chemin à faire !

CHAPITRE 6

Les quatre types de pratique du benchmarking

De la littérature sur le benchmarking se dégagent deux modes principaux de conduite de cet exercice :

- le benchmarking autopiloté ;
- le benchmarking piloté par un tiers.

Croisons ces modes avec la nature du processus qui peut être :

- récurrent ;
- ou *ad hoc*.

On obtient la grille suivante avec quatre types de pratique de benchmarking.

Figure 33 : Modes de pratique du benchmarking

Nature / Mode	Ad hoc	Récurrent
Autopiloté	Un projet piloté par l'organisation sur un sujet donné.	Un processus continu piloté en interne et travaillant sur tous sujets.
Piloté par un tiers	Un projet de benchmarking – soit ouvert ; – soit en aveugle, piloté par un tiers	Une communauté permanente de benchmarking animant des projets divers et variés animée par des tiers.

Nous rajouterons à ces types de pratique du benchmarking celle, un peu particulière, du concours à des prix d'excellence comme le prix européen de l'excellence organisé par l'EFQM.

Tous ces types de pratiques partagent un déroulement chronologique commun :

1. constituer le groupe de benchmarking ;
2. définir un référentiel commun de benchmarking ;
3. fournir l'information sur les éléments comparés dans le benchmarking ;
4. analyse des informations comparatives ;
5. plan d'action individuel ;
6. amélioration continue du référentiel.

Des groupes ad hoc de benchmarking

Ces groupes sont formés soit par des entreprises qui en prennent l'initiative, soit par des tiers spécialisés dans l'accompagnement en matière de benchmarking sur des thématiques précises.

Quand une organisation veut créer ce type de groupe, elle doit veiller à bien définir au préalable le cadre méthodologique et contractuel pour garantir aux futurs participants le sérieux de l'opération et la qualité de la démarche proposée.

Des groupes permanents de benchmarking

On distingue généralement :

– Les organisations de benchmarking

Ces organisations appartiennent la plupart du temps à des mouvements ou fondations de la qualité (American Quality Center, American Productivity and Quality Center, EFQM...) et sont souvent organisées comme des « *non-profit* ». Elles disposent de leur méthodologie, de leur code de bonne conduite. Elles offrent aussi à leurs membres l'accès à leur base de données et de documents sur les meilleures pratiques.

– Les réseaux de benchmarking

Ce sont des coopérations étendues entre entreprises, universités, centres de recherche, organisations de la qualité, sociétés de consulting, organismes consulaires et autres. Le Global Benchmarking Network (GBN) en est l'archétype le plus actif. Cette alliance regroupe vingt centres de benchmarking de par le monde fédérant plus de 30 000 organisations participantes du secteur privé et du secteur public.

– Les clubs de benchmarking

Ce sont le plus souvent des associations formées par des entreprises qui leur donnent mission d'animer les projets de benchmarking et de trouver des partenaires pour ce faire. Un club très actif est le Bestprax Club en Inde qui a pour mission de faciliter le partage et l'apprentissage des meilleures pratiques mondiales entre ses membres.

– Les groupes spécialisés permanents

Ce sont des groupes sectoriels formés par des entreprises et animés par des consultants pour pouvoir mener en continu des actions de benchmarking « en aveugle » et s'échanger des benchmarks normalisés. Il existe par exemple un tel groupe entre les grands producteurs pétrochimiques mondiaux. J'ai pu en vérifier l'impact positif chez un de mes clients indiens qui s'est hissé en quelques années à un niveau de *world class* dans son métier.

Participer aux prix d'excellence

Concourir à un prix d'excellence comme l'EFQM n'est en fait ni plus ni moins que de participer pleinement à un groupe de benchmarking qui se recrée tous les ans avec d'anciens et de nouveaux participants.

Dans ce concours, l'organisation autoévalue sa propre maturité. Son document de soumission est le livrable. Ensuite, elle est évaluée par des tiers qui viennent en visite sur site. Elle reçoit un rapport de visite sur site. Et enfin, elle est comparée aux autres candidats lors de la session du jury auquel je participe depuis cinq ans. Le résultat de cette comparaison lui sera communiqué et sera publié au Forum annuel de l'EFQM.

Dans cet exercice, on compare les résultats à partir des indicateurs des objectifs et des benchmarks ainsi que les approches pour comprendre quels sont les leviers de la performance de ces meilleures organisations.

Enfin, l'organisation en ressort avec une liste de domaines d'améliorations possibles dans laquelle elle puisera les plus pertinentes pour gagner en niveau de maturité managériale et en performance.

La participation à ce type de démarche nous a permis (fondateur et comité de direction) de mener une entreprise moyenne à un niveau de *world class* en l'espace de cinq ans.

CHAPITRE 7

Les facteurs clés de réussite d'un projet de benchmarking

Les principaux facteurs clés de réussite d'un projet de benchmarking sont :

– son ancrage dans les attentes des porteurs d'enjeux ;
– la qualité des partenariats ;
– l'existence de réels différentiels de performance ;
– la clarté de l'intention sous-jacente ;
– la recherche des intangibles ;
– la création collective de sens ;
– la préparation du changement.

La prise en compte des porteurs d'enjeux

Pour réussir son benchmarking, il faut avoir une bonne connaissance des attentes et des exigences des parties prenantes qui agissent sur le domaine étudié et savoir en tirer toutes les opportunités pour votre organisation.

Collectez en interne l'information à partir :

– des canaux appropriés de collecte de ces attentes (information détaillée et brute) ;
– des comptes rendus des instances de revue régulière non seulement des attentes, mais aussi de la satisfaction (information synthétisée et élaborée).

Faites-en une synthèse et vérifiez que votre intention de benchmarking est en cohérence avec ces attentes.

Collectez ensuite auprès de vos partenaires de benchmarking leurs méthodes de prise en compte des attentes des parties intéressées sur le sujet étudié.

Figure 34 : Les groupes de porteurs d'enjeux

Porteurs d'enjeux	Détails
Clients	– Clients externes clients finals clients intermédiaires – Clients internes…
Propriétaires, actionnaires, souverains	– Propriétaires ou actionnaires uniques – Actionnaires majoritaires – Actionnaires minoritaires…
Partenaires et fournisseurs	– Partenariats à long terme – Partenariats ponctuels – Fournisseurs privilégiés – Fournisseurs occasionnels…
Personnel	– Genre : hommes & femmes – Âge : différentes tranches d'âge – Statut : cadres, employés…
Société et communauté	– Législateurs et régulateurs nationaux, européens – Organismes de tutelle et de contrôle – Groupes de pression et mouvements de citoyens – Voisinage des implantations de l'organisation – Représentants des institutions, associations, administrations, collectivités et communautés – Environnement et générations futures…

Vérifiez le niveau de segmentation des groupes de clients et autres parties prenantes. Au fur et à mesure qu'une organisation avance en maturité, la segmentation de ses groupes de porteurs d'enjeux s'affine et se détaille.
Détectez bien où et quelles sont les différences de perception des attentes et de la satisfaction des clients et autres porteurs d'enjeux impliqués dans le domaine étudié d'un partenaire à l'autre. Sans arrêt, utilisez le « cinq pourquoi ? » pour comprendre d'où viennent ces différences (c'est très simple, comme un enfant, posez cinq fois la question « pourquoi ? », pour arriver à la cause première...)

La coopération respectueuse avec votre partenaire

Pour pouvoir respecter le partenaire, il faut avoir un minimum de connaissance de ce qu'il est, de sa culture et de ses attentes. On s'attachera donc à obtenir un maximum d'informations pertinentes sur lui avant de le contacter pour l'opération de benchmarking.
Ensuite, on s'assure de bien clarifier avec lui les règles du jeu, de fixer le périmètre et les modalités du benchmarking, de trouver un consensus sur les méthodes employées, sur les acteurs à rencontrer, sur les questions à poser, sur les données à échanger ainsi que sur le planning des opérations.

Enfin, on travaille avec lui dans la transparence, sinon dans l'optique de s'en faire un partenaire à moyen et long terme, du moins dans celle d'en faire un promoteur d'image positive de son organisation.

L'importance d'un différentiel de performance avec votre partenaire

Le choix des organisations à benchmarker est essentiel pour retirer des résultats concrets de la démarche. Un critère majeur de choix est l'existence d'une différence, d'un *gap* de performance entre votre organisation et celle des partenaires de benchmarking.

L'analyse concurrentielle de performance ou l'analyse comparative de performance entre organisations non concurrentes débouchent en général sur deux références ou benchmarks : la moyenne sectorielle (*class average*) et le maximum (*best in class*).

Le constat d'un *gap* important par rapport aux meilleurs indique qu'un changement radical est requis[8]. Mais cette percée souhaitable est-elle vraiment à la portée de votre organisation ? Cela dépendra de ses propres capacités et de son niveau d'appétence aux risques.

8. McNair et Leibfried, 1992.

Vouloir se comparer aux meilleurs de la classe alors qu'on est dans le peloton de queue n'a pas grand sens : il sera quasi impossible de faire un tel pas de géant. La raison en est fort simple. D'entrée de jeu, il sera difficile de comprendre et ensuite encore plus difficile d'adopter et d'adapter des « meilleures pratiques » alors que l'on n'a pas atteint l'état de l'art moyen.

Il est plus raisonnable, moins risqué, de benchmarker des organisations qui sont au stade $n+1$ de la vôtre et qui, de ce fait, vous apportent des opportunités réelles d'amélioration et des améliorations réalisables.

> À SAVOIR

Il est plus raisonnable de benchmarker des organisations qui sont au stade $n+1$ de la vôtre, puis de passer progressivement aux niveaux « supérieurs ».

Figure 35 : Distribution des entreprises selon leur niveau de performance

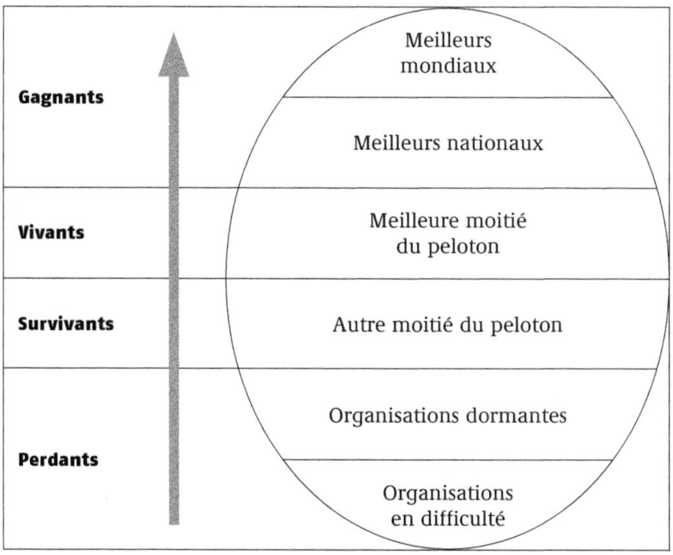

Vouloir sauter du dernier quartile au premier est bien utopique. Il est plus sûr de passer de quartile en quartile.

D'un autre côté, choisir des partenaires qui sont dans sa catégorie présente un risque de similitude qui obérerait fortement les bénéfices de l'exercice de benchmarking dans la mesure où on ne pourra pas dégager de réelles pistes d'amélioration.

Figure 36 : Partenaires trop différents, trop semblables

	Trop différent	**Trop semblable**
Analyse	Difficulté à comprendre les leviers de la performance.	Pas de nouvel apprentissage sur les leviers de la performance.
Action	Amélioration de percée ou de rupture non maîtrisée.	Pas de piste sérieuse d'amélioration.

Il faut donc tabler sur des différentiels raisonnables capables de vous faire progresser. Le SBS (simple bon sens) peut être d'un grand secours dans ce choix, encore faut-il en avoir !

L'intention sous-jacente de votre benchmarking

Il faut bien préparer le benchmarking en définissant précisément son orientation, c'est-à-dire en le mettant en relation avec le problème que l'on cherche à résoudre dans sa propre organisation et avec l'impact que l'on veut avoir sur sa propre performance.

Deux éléments importants vont dépendre de cette orientation :

- la sélection des benchmarks ;
- la nature des questions de benchmarking.

Prenons un exemple : le processus « Innovation produits »
Les intentions peuvent être nombreuses :

- augmenter le nombre et la fréquence de lancement des nouveaux produits ;
- améliorer l'efficacité du processus de conception et de développement pour réduire le nombre d'échecs six mois après les lancements ;
- réduire de manière significative les coûts de conception et de développement des produits ;
- améliorer le *time-to-market,* c'est-à-dire le délai entre l'émergence du concept et sa commercialisation, etc.

Selon l'orientation choisie, les indicateurs de comparaison et les questions vont varier.

Figure 37 : Choix des indicateurs selon l'orientation du benchmarking

Orientation	Indicateurs (benchmarks) Questions de benchmarking
Augmenter la fréquence de lancement des nouveaux produits	• *Time-to-market* (moyenne et variation) • Nombre de brevets déposés par an • Nombre de partenariats de recherche • Nombre de suggestions d'innovation • Nombre de nouveaux produits par an
Améliorer l'efficacité du processus de conception et de développement	• Management des technologies • Investissements en formation • Taux de conformité aux méthodologies • *Lead time* du processus • Niveau de Sigma du processus
Réduire significativement les coûts de conception et développement de produits	• Coûts d'utilisation de brevets • Coûts technologiques • Coûts ressources humaines • Coûts partenariaux • Coûts de prototypage et de tests, etc.

La recherche des intangibles

Le benchmarking est le seul exercice qui permet de comprendre ce qui se passe derrière la scène chez les meilleurs de la classe. Il ne faut pas se priver, dans les limites légales, éthiques et contractuelles, d'essayer de détecter et de comprendre ce qui n'est pas immédiat à l'entendement.
Pour structurer cette quête, on peut se baser sur les composantes du capital immatériel.

Figure 38 : La structure du capital immatériel

Capital humain	**Individuel**	Talents, expertises, savoir-faire individuels
		Compétences et expérience des individus
	Collectif	Culture d'apprentissage collectif
		Expérience d'apprentissage collectif
Capital structurel	**Relationnel**	Relations avec les clients
		Relations avec les partenaires et fournisseurs
		Relations avec le personnel
		Relations avec la société et la communauté
		Relations avec les actionnaires et souverains
	Organisationnel	Maîtrise des processus
		Bases de connaissances collectives
		Maîtrise des risques
		Qualité de la marque, du *brand* et du design
		Capacité d'amélioration
		Capacité d'innovation

Ce sont tout ou partie de ces éléments qui sont à l'œuvre dans les coulisses des meilleures pratiques et qui permettent ou pas à une organisation d'atteindre le niveau de performance rêvé. Il faut donc poser les bonnes questions pour les détecter.

Figure 39 : Questions sur les intangibles

Talents, expertises, savoir-faire individuels	Est-ce que, derrière cette performance, il y a des savoir-faire, des talents et des expertises implicites ? Lesquels ?
Compétences et expérience des individus	Comment les nouveaux arrivants acquièrent-ils leur expérience sur le sujet ? Comment se font les qualifications ?
Culture d'apprentissage collectif	Y a-t-il une tendance naturelle des équipes à se retrouver pour analyser les problèmes et trouver des solutions ?
Expérience d'apprentissage collectif	Quel pourcentage du personnel a été formé à la résolution de problème ? Combien ont déjà fait du benchmarking dans leur domaine ?
Relations avec les clients	Quelles sont vos différentes relations avec les clients ? Comment apprenez-vous d'eux ? Quel niveau de segmentation en avez-vous ?
Relations avec les partenaires et fournisseurs	Comment se passent la collaboration quotidienne et les relations avec vos partenaires et fournisseurs ?
Relations avec le personnel	Êtes-vous écoutés par votre hiérarchie ? Vient-elle à votre secours en cas de problèmes sur le processus ?
Bases de connaissances collectives	Quand vous obtenez une information qui peut servir à d'autres, mettez-vous à jour systématiquement vos bases de données ?
Maîtrise des risques	Êtes-vous impliqués dans l'identification et l'évaluation des risques de toute nature et dans les opérations de prévention ?

La création collective de sens

Le benchmarking, quand il est conduit dans les règles de l'art, est un des outils les plus puissants de création collective de sens.

« La "création collective de sens" est l'opération collective au cours de laquelle sont créés de la connaissance et du "sens ajouté", à partir de certaines informations qui jouent le rôle de stimuli inducteurs, et au moyen d'interactions entre les participants à la séance de travail collectif, ainsi que entre les participants et les diverses mémoires (tacites et formelles) de l'entreprise. Le résultat de la création collective de sens est la formulation de conclusions provisoires plausibles (hypothèses) devant déboucher sur des actions effectives. C'est aussi la création de connaissances. »

Humbert Lesca

La confrontation au succès des autres organisations, à leur manière de penser les clients et autres parties prenantes, à leur façon de comprendre le contexte, à leur maîtrise de la mise en œuvre des pratiques, génère une multitude de *stimuli* inducteurs.

Les nombreuses interactions entre acteurs du projet de benchmarking (les questionnements réciproques, les rebonds d'idées, les confrontations de visions, les affrontements de paradigmes, les recherches de consensus...) favorisent le processus d'émergence de sens et la créativité.

N'en déplaise à certains, il ne peut y avoir de benchmarking pratiqué en individuel derrière un écran d'ordinateur.

La préparation du changement

La théorie des systèmes sociotechniques d'Eric Trist et Fred Emery a montré l'importance d'optimiser simultanément les sous-systèmes sociaux et les sous-systèmes techniques au sein des systèmes de travail, de favoriser l'autorégulation et la redondance de compétences en leur sein. Ces systèmes ouverts sont capables d'acquérir et d'adopter le changement par les acteurs impliqués. Cette théorie est très utile au benchmarking.

Trois principes fondamentaux y sont affirmés :
- la causalité conjointe : sous-systèmes techniques et sous-systèmes sociaux sont tous deux affectés par les évolutions contextuelles ;
- l'optimisation conjointe : optimiser un seul des deux sous-systèmes va entraîner une dégradation de l'autre ; il faut donc les optimiser ensemble ;
- la conception conjointe : concevoir, développer et changer conjointement les sous-systèmes est la seule voie qui va conduire vers une performance accrue.

Il sera par conséquent possible de tirer les pleins bénéfices du benchmarking si l'on prend la peine de :

- bien examiner la faisabilité des améliorations à apporter, à la lumière des conditions applicables à son organisation ;

- s'accorder sur les améliorations à obtenir en respectant ces principes dans leur mise en œuvre ;
- obtenir l'aval des parties prenantes pour introduire les changements nécessaires ;
- développer un ou des plans d'action pour les appliquer.

CHAPITRE 8

Savoir tirer les bénéfices du benchmarking

Les principaux bénéfices du benchmarking sont :

- l'amélioration de la prise de décision ;
- l'accélération du changement et de l'amélioration ;
- la maîtrise des risques ;
- l'ouverture d'esprit collective.

L'amélioration de la prise de décision

Le benchmarking est une machine à instruire des décisions. Il crée de la cohésion sociale par la pratique de la recherche du consensus, d'une part, sur le positionnement actuel de l'organisation au niveau du domaine comparé et, d'autre part, sur ce qui fait l'excellence et la performance et la systématisation de la réactivité organisationnelle face aux changements contextuels. Il montre quelle est sa performance par rapport à celle des autres, permet d'identifier les points forts et les faiblesses de son organisation et de fixer des objectifs ambitieux, mais réalistes. Il aide l'organisation à « prioriser » ses activités d'amélioration et alimente l'organisation en plans d'action éprouvés.

L'accélération du changement et de l'amélioration

Le benchmarking est un accélérateur du changement. Il permet d'accélérer la vitesse d'amélioration de la productivité et de la compétitivité en impulsant des sauts, des percées et des ruptures de performance. Il permet d'accélérer la vitesse d'innovation en stimulant la créativité collective. Il permet de convaincre des sceptiques en les emmenant voir ce qui fonctionne bien. Il facilite l'implémentation parce qu'il implique les acteurs du processus et leur permet de s'enquérir auprès des partenaires des difficultés et problèmes rencontrés dans la phase de mise en œuvre de la pratique.

La maîtrise des risques

Le benchmarking est un réducteur de risques. Il permet d'identifier et d'utiliser des pratiques éprouvées et testées. Il permet de recenser les risques survenus chez les partenaires de l'exercice et ceux potentiels identifiés par eux. Il contribue en cela à enrichir la maîtrise des risques opérationnels de son organisation. Il permet enfin de se situer en permanence face aux meilleures méthodes pour maîtriser les risques.

L'ouverture d'esprit collective

Le benchmarking est un perceur de boîte crânienne ! Il développe une acuité et une ouverture intellectuelle collective, un sens critique et une grande faculté de remise en question : chemin de modestie qui enrichit l'intelligence et la capacité collective à donner du sens.

Figure 40 : Comparatif avec ou sans benchmarking

Activités	Sans benchmarking	Avec benchmarking
Comprendre les exigences des clients et autres parties prenantes	Compréhension d'après le passé. Risque d'inadéquation des réponses apportées.	Compréhension élargie d'après les logiques à l'œuvre sur le marché. Adéquation des réponses apportées.
Établir des objectifs SMART	Rationalité interne limitée. Risque d'être à la traîne du secteur.	Rationalité mise à l'épreuve par la comparaison externe. Probabilité d'être en avance sur le secteur.
Améliorer la productivité	Évaluation limitée des forces et des faiblesses. Risque de se lancer dans des actions non prioritaires.	Évaluation approfondie des forces et faiblesses. Capacité renforcée à décider des bonnes choses à faire.
Devenir ou rester compétitif	Points de vue internes s'alignant sur la pensée unique. Risque de non-prise de conscience de la nécessité du changement.	Meilleure connaissance de la concurrence et compréhension des leviers de leur performance. Mobilisation accrue des acteurs pour le changement.
Créer une organisation apprenante	Apprentissage limité à partir de la résolution de problèmes. Risque de ne pas pouvoir sortir de certains schémas de pensée.	Apprentissage intense et accéléré par la création collective de sens avec des partenaires externes. Possibilité de rupture de paradigme.

« Le benchmarking implique que vous êtes assez humble pour accepter que quelqu'un puisse faire les choses mieux que vous et assez intelligent pour trouver comment il fait... pour réussir à les faire mieux que lui. » **Premier,** 1997 (www.PremierInc.com). Il aide ainsi l'organisation à apprendre de l'expérience d'autres, à trouver des voies nouvelles et à éviter des erreurs.

La vaccination contre le syndrome « Vil Coyote »

Vil Coyote, symbole de l'anti-benchmarking. Library of Congress, Prints and Photographs Division, Washington DC.

Vil Coyote, personnage de dessin animé de la série *Looney Tunes* (Bip Bip et Coyote) créé par Chuck Jones en 1949, est la caricature même de l'organisation qui ne fait pas de benchmarking.

En effet, l'analogie est frappante sur trois points majeurs :

- il court tout le temps après son objectif... ;
- il utilise des méthodes, approches, outils, etc. qui ne sont pas éprouvés (bâtons de dynamite, enclumes, élastiques, patins à glace super-rapides, skis à propulsion, graines pour oiseaux et j'en passe...);
- il se rend compte trop tard qu'il n'a plus terre ferme sous ses pattes et se casse la figure.

Le benchmarking va permettre à votre organisation d'éviter le syndrome de Vil Coyote et vous empêchera de vous retrouver au fond du canyon après avoir décroché des attentes de vos porteurs d'enjeux et du contexte concurrentiel global.

CHAPITRE 9

Les conditions de la réussite de votre projet de benchmarking

Pour une organisation qui se lance dans du benchmarking, il est utile de connaître :
- les facteurs clés de succès de cette démarche pour vérifier et s'assurer que ces leviers sont présents au démarrage du projet ;
- les problèmes, les freins et les pièges les plus courants de ce type d'exercice. Intégrer ceux qui sont probables chez elle dans une analyse de risques projets lui permettra sinon de les éviter du moins de les prévenir.

Les facteurs clés de succès

Réussir sa démarche du benchmarking dépend de multiples facteurs dont les principaux sont :

1. la qualité du choix des partenaires ;
2. l'analogie : des processus comparables (comparabilité) ;
3. la recherche d'une relation gagnant-gagnant : en toute honnêteté et en respectant les valeurs éthiques et le respect des partenaires ;
4. la transparence totale des échanges : éléments tangibles et intangibles ;
5. la réciprocité : profondeur des échanges d'informations ;

6. la flexibilité qui permet une adaptation pertinente à toutes les situations affrontées ;
7. la simplicité d'exécution : faire simple et efficace est une règle d'or ; éviter le perfectionnisme ou l'obsession d'échec ;
8. le souci de passage à l'acte : passer dès que possible de la phase de diagnostic et d'analyse à l'acte ;
9. la modération quant aux objectifs poursuivis : planifier par priorités et pragmatisme ;
10. l'ancrage dans la réalité du terrain : ne pas perdre de vue le client à satisfaire ;
11. un engagement franc et massif : sans être obligé de demander le feu vert à chaque action ;
12. des métriques normalisées : périodes identiques, définitions identiques des indicateurs (systèmes de mesure) ;
13. de l'exactitude (garantie de véracité des données échangées) ;
14. la parfaite connaissance de son propre processus avant toute action (cette étape d'autodiagnostic est primordiale) ;
15. une définition claire des objectifs à atteindre et les points sur lesquels il faut faire attention lors des visites sur site ;
16. la mise en place d'un planning consciencieux et efficace ;
17. l'identification des indicateurs de mesure importants pour le processus choisi ;
18. la bonne préparation des visites afin qu'elles ne se résument pas à une session de discussion informelle. La rigueur, le caractère exhaustif du questionnaire, la forme

des entretiens, la variété des interlocuteurs comme leur implication dans les processus étudiés déterminent l'efficacité des échanges ;

19. une conduite et une communication efficaces pendant la durée du projet ;
20. la bonne information préalable des organisations qui seront visitées ;
21. la mise en œuvre des changements ou améliorations : rechercher les meilleures méthodes plutôt que des résultats immédiats ;
22. la limitation des coûts en approchant le benchmarking étape par étape.

Il ne peut y avoir de benchmarking efficace sans implication du leadership et du management. Comme tous les AMORs (approches, méthodes, outils et référentiels) de la boîte à outils qualité, le benchmarking ne peut être efficace sans :

- implication de la direction générale ;
- focalisation sur des priorités métier ;
- cohérence avec la stratégie d'amélioration ;
- bénéfices du projet dépassant ses coûts ;
- allocation des bonnes compétences ;
- objectifs précis et limités dans le temps ;
- plan précis de ce qui doit être comparé ;
- revue des résultats accomplis.

Les erreurs à éviter

Les erreurs à éviter en matière de benchmarking sont principalement de trois natures :

- des problèmes d'ingénierie ;
- des problèmes de leadership ;
- des problèmes liés au partenariat.

Les problèmes liés à l'ingénierie de votre projet de benchmarking

Il faut avoir identifié de manière très précise les forces et faiblesses de sa propre organisation sur un domaine donné qui va faire l'objet du benchmarking externe et avoir des métriques adaptées et actionnables pour retirer les bénéfices du benchmarking.

Quand l'équipe ne comprend pas son propre domaine de comparaison, non seulement le benchmarking ne sera pas fructueux, mais en plus on aura insatisfait voire mécontenté les partenaires. Vouloir benchmarker des réalités trop floues et intangibles peut vous faire perdre du temps parce qu'aucun partenaire, y compris votre organisation, n'est en mesure de fournir des indicateurs précis sur le sujet.
Lancer un projet de benchmarking qui n'est pas en contribution directe avec la stratégie peut avoir des effets néfastes de détournement de ressources affectées aux priorités et interférer avec d'autres projets en cours.

Figure 41 : Erreurs d'ingénierie, causes et solutions

Erreurs	Causes	Solutions
Comparaison avec des organisations inappropriées.	Une mauvaise recherche de partenaires.	Revoir et détailler la recherche initiale.
Informations de comparaison non disponibles ou fausses.	Connaissance insuffisante de son organisation. Partenaires faisant de la rétention d'information ou de la désinformation.	Approfondir la recherche des éléments clés nécessaires à l'analyse.
Gaps de performance mal identifiés et non expliqués.	Analyse insuffisante ou bâclée.	Revoir l'analyse avec, au besoin, des demandes d'informations complémentaires.
Pas d'action d'amélioration au bout de l'exercice.	Management pas suffisamment impliqué.	Convaincre la direction générale de s'engager dans l'initiative.

Accorder une confiance aveugle à des benchmarks publiés peut mener à des impasses. Ce n'est pas parce qu'une revue sectorielle publie des mesures de référence et des comparaisons qu'il faut les prendre pour argent comptant et vouloir s'aligner dessus. Il faut d'abord vérifier la pertinence et l'applicabilité de ces benchmarks dans vos conditions, sur votre marché, etc.

Les problèmes liés au « leadership » de votre projet de benchmarking

Quand les cadres sont pauvrement préparés, ils ne sont pas capables de poser les bonnes questions qui leur permettraient de récupérer un vrai savoir-faire. En effet, ils ne captent alors qu'une partie du puzzle des leviers de la performance.

Figure 42 : Erreurs de leadership, causes et solutions

Erreurs	Causes	Solutions
Démarrage d'un exercice de benchmarking sans conviction.	Direction générale peu impliquée.	Faire le lien entre le benchmarking et le plan stratégique de l'organisation.
Manque de ressources pour le projet de benchmarking.	Manque de soutien du management supérieur et/ou manque d'adhésion de l'équipe.	Réaliser un argumentaire « bénéfice sur investissement » pour mobiliser les ressources.
Trop d'exercices de benchmarking lancés.	Mauvaise définition des priorités.	Faire le lien entre le benchmarking et le plan stratégique de l'organisation.

En second lieu, les cadres des partenaires souhaitent aussi avoir de l'information en retour quand vos cadres leur rendent visite. Ces derniers seront vite mis en défaut sous la pluie de questions pertinentes et détaillées de leurs partenaires de benchmarking.

Une mauvaise communication constitue un frein au bon déroulement du benchmarking. Sans partage du projet et des résultats, la démarche risque de s'essouffler rapidement et le retour sur investissement risque d'être peu perceptible.

Les problèmes liés aux partenaires de votre projet de benchmarking

Ne pas choisir sérieusement ses partenaires de benchmarking peut faire perdre du temps et de l'argent non seulement à votre organisation, mais aussi aux organisations partenaires.

Figure 43 : Erreurs partenariales, causes et solutions

Erreurs	Causes	Solutions
Des partenaires potentiels pas intéressés.	Mauvais argumentaire de vente de l'exercice. Scepticisme et attitude défensive des partenaires.	Clarifier les bénéfices pour les parties engagées et améliorer l'argumentaire. Revoir le processus de sélection
De trop nombreuses similitudes avec les partenaires.	Manque de critères pertinents de sélection des partenaires.	Revoir et améliorer la recherche des partenaires.
Une impossibilité de comparaison avec les partenaires.	Manque de critères pertinents de sélection des partenaires.	Revoir et améliorer la recherche des partenaires.
Des partenaires ayant des intentions et/ou des pratiques douteuses (pression pour obtenir des informations...).	Manque de critères éthiques formels et acceptés réciproquement pour l'exercice.	Définir une charte ou convention de benchmarking entre partenaires.

Vouloir benchmarker toute une organisation est une ambition téméraire et risquée : soit on fera les choses à moitié, soit il faudra un temps excessif pour arriver au bout du projet. Il vaut mieux identifier des parties d'une organisation partenaire (des sous-systèmes d'un système), bien les comprendre et en tirer les leçons pour l'amélioration de sa propre organisation sur ces domaines circonscrits avant de passer à d'autres. Le proverbe « *Qui trop embrasse, mal étreint !* » s'applique pleinement au sujet.

Oublier que le benchmarking est un partage à double sens peut faire échouer l'exercice. Il faut aussi bien comprendre les attentes des partenaires de l'exercice par rapport à celle de son organisation que savoir ce que son organisation veut et est prête à partager ou non avec eux.

Ne pas prendre le temps de clarifier et formaliser les principes éthiques et de fonctionnement pratique avec les partenaires en début de projet peut entraîner des décrochages de partenaires, des pertes de temps en négociations sans fin et autres déconvenues.

Et si vous faites des erreurs en matière de benchmarking, faites en une source d'apprentissage !

CHAPITRE 10

Les codes de conduite d'un benchmarking réussi

Il existe plusieurs « codes de conduite du benchmarking » autour de la planète qui ont pour but de garantir une éthique minimale dans les échanges.

L'éthique du benchmarking

L'éthique du benchmarking repose sur l'adhésion à un certain nombre de principes dont celui du respect de la légalité, de l'équilibre des échanges d'information, du respect de la confidentialité, du professionnalisme dans la préparation, la participation et la clôture des projets, de la non-divulgation des coordonnées des contacts obtenus durant l'exercice, du non-détournement de l'utilisation de l'information et de la compréhension et du respect des attentes des partenaires.

Très peu de temps après la généralisation de la démarche autour du globe, les grandes communautés de benchmarking ont éprouvé le besoin de mettre par écrit des principes et de les expliciter pour prévenir les dérapages.

> EN PRATIQUE

Selon l'importance de votre projet, il peut être judicieux de mettre par écrit des principes et de les expliciter pour prévenir les dérapages.

Le Code de conduite européen du benchmarking

Ce code, adopté par l'EFQM, s'est inspiré de celui de l'American Productivity and Quality Center (APQC) et intègre quelques spécificités européennes. Il énonce dix principes à respecter quand on pratique le benchmarking. L'adhésion à ce code est censée contribuer à promouvoir un benchmarking efficace, efficient et éthique. En voici une traduction qui nous est propre.

Le principe de préparation

- Démontrer l'adhésion à l'efficacité et l'efficience du benchmarking en étant préparé avant de prendre tout contact pour une action de benchmarking.
- Utiliser efficacement le temps des partenaires de benchmarking (ne pas leur en faire perdre) en étant pleinement préparé.
- Aider ses partenaires de benchmarking à se préparer en leur fournissant un questionnaire et un planning avant les visites.
- Demander un conseil juridique préalable avant de prendre des contacts et d'envoyer des questionnaires.

Le principe de contacts « référents »

- Respecter la culture d'entreprise du partenaire et respecter les procédures établies en commun.
- Utiliser les contacts désignés par l'organisation partenaire si c'est la procédure préférée.

- Trouver un accord sur les délégations en matière de communication et de responsabilité et vérifier que ces modalités sont bien comprises.
- Obtenir l'accord personnel des contacts avant de donner leurs coordonnées à un tiers demandeur.
- Obtenir l'accord personnel des contacts avant de communiquer leurs coordonnées dans une réunion ou un forum ouvert.

Le principe d'échange à niveau égal

- Accepter d'échanger le même niveau de détail d'information que l'on demande aux partenaires de benchmarking, du moment que le principe de légalité est observé.
- Communiquer clairement et tôt dans la relation pour clarifier les attentes, éviter les incompréhensions et établir un intérêt mutuel dans l'échange.
- Être honnête, complet et à l'heure dans la fourniture d'information.

Le principe de confidentialité

- Assurer la confidentialité des découvertes et leçons de benchmarking aux individus et organisations impliqués : ne pas les publier sans l'accord préalable des partenaires qui ont partagé leurs informations. Quand on demande un consentement préalable, s'assurer qu'on informe bien les partenaires de quelle information sera partagée et avec qui.

– Assurer la confidentialité sur la participation d'une organisation à une étude comparative : ne pas communiquer dessus sans l'accord préalable du partenaire.

Le principe d'utilisation des données

– Utiliser l'information obtenue via le benchmarking uniquement pour les buts définis dans l'accord préalable avec les partenaires.
– Demander systématiquement l'accord préalable du partenaire pour communiquer son nom avec les données obtenues et les pratiques observées.
– Ne pas utiliser les listes de contacts fournies par les réseaux de benchmarking pour d'autres fins que le benchmarking lui-même.

Le principe de légalité

– Demander conseil à des juristes s'il y a des questions légales et réglementaires avant toute activité de benchmarking.
– Ne pas entrer dans des discussions sur les prix et autres discussions et actions commerciales qui pourraient être utilisées contre vous dans le cadre des exigences légales et réglementaires relatives à la liberté de marché. Ne discutez pas des coûts avec des concurrents s'ils entrent dans la définition des prix de marché. N'échangez pas des prévisions ni information sur les futures intentions commerciales.
– S'abstenir de l'acquisition d'information par tous les moyens qui pourraient être interprétés comme malhonnêtes, y

compris l'infraction, ou l'incitation à contrevenir au devoir de maintenir la confidentialité.

- Ne pas discuter, révéler ou employer une information confidentielle qui a pu avoir été obtenue par des moyens frauduleux, ou qui a été révélée par autrui en violation du devoir de confidentialité.
- Ne pas transmettre à des organisations tierces, en tant que consultant, client ou autre, de l'information issue du benchmarking sans l'accord préalable des partenaires de benchmarking et sans s'assurer d'abord que les données ont été convenablement rendues « aveugles » et anonymes de sorte que l'identité des participants soit protégée.

Le principe de complétude et d'achèvement

- Participer complètement à chaque étape agréée par les partenaires de benchmarking en respectant les délais prévus.
- Produire l'effort complet dans le projet de benchmarking pour la satisfaction de tous les partenaires engagés comme convenu collectivement.

Le principe de compréhension et d'acceptation

- Comprendre comment son partenaire de benchmarking veut être traité et le traiter selon ce qu'il souhaite.
- Accepter comment le partenaire souhaite qu'on utilise son information et ne pas l'utiliser d'une manière qui romprait l'accord sur le sujet.

Le principe de respect des concurrents

- Dans le benchmarking avec les concurrents actuels et potentiels, s'assurer de la conformité légale de la démarche. Demander un conseil juridique préalable au contact de benchmarking avec les concurrents actuels ou potentiels et tout au long du processus de benchmarking. S'il y a risque, ne faites pas. Alternativement, négociez et signez un accord spécifique de non-révélation qui satisfera les avocats-conseils représentant chaque associé.
- Ne pas demander des informations sensibles aux concurrents ni faire pression sur les concurrents pour obtenir des données.
- Ne pas demander des informations aux concurrents en dehors du périmètre accepté de l'étude. Se cantonner aux données échangées dans le cadre de l'accord de benchmarking.
- Recourir à un tiers expérimenté et reconnu pour assembler des données concurrentielles « en aveugle ».
- Toute information obtenue d'un partenaire de benchmarking doit être traitée comme de l'information interne sensible. Si de l'information confidentielle ou propriétaire est amenée à être échangée, il faut un accord spécifique pour spécifier le contenu qui doit être protégé, la durée de la période de protection, les conditions d'accès et les exigences de manipulation qui sont nécessaires pour garantir une confidentialité absolue au partenaire de benchmark.

Définir une politique de benchmarking

Une organisation peut définir une politique de benchmarking pour valoriser cette démarche et la mettre explicitement au service de la stratégie.

> **> À SAVOIR**
> Définir une politique de benchmarking, c'est l'inscrire dans la stratégie globale de votre entreprise et apporter la légitimité nécessaire à l'implication de tous dans votre projet.

Exemple de politique de benchmarking.

- Notre organisation cherche résolument à se comparer avec des organisations performantes et si possible avec des « meilleurs de la classe ».
- Notre organisation utilise les données comparatives disponibles pour évaluer la qualité de ses produits et services et pour identifier les « meilleurs de la classe ».
- Si possible, notre organisation se compare avec d'autres sur des domaines (pratiques, processus, systèmes, méthodes, produits et services) en cohérence avec ses priorités stratégiques de performance.
- Notre organisation reconnaît que la comparaison des données de performance lui permet d'identifier les « meilleurs de la classe » et que le benchmarking avec eux est vital pour être efficace et bénéfique.
- Quand c'est approprié, notre organisation joue un rôle actif dans les clubs et réseaux de benchmarking pour encourager tant le benchmarking informel que le benchmarking formel et structuré avec d'autres membres.
- Notre organisation répond positivement aux demandes de benchmarking d'autres organisations (sous forme de

questionnaires, ou de visites de sites), particulièrement dans les domaines où elle figure parmi les « meilleurs de la classe ».

- Le benchmarking avec les « meilleurs de la classe » est effectué dans les circonstances suivantes :
  - pour alimenter nos revues de processus ;
  - pour développer nos plans annuels ;
  - pour fixer les objectifs et cibles ;
  - pour identifier les domaines d'amélioration ;
  - pour identifier les opportunités d'innovation produits et services ;
  - pour développer les projets majeurs.
- Notre organisation s'assure que le benchmarking est mené efficacement en utilisant les outils suivants :
  - une procédure documentée de benchmarking ;
  - un plan qualité type de projet de benchmarking ;
  - des questionnaires types de collecte des informations ;
  - des tableaux comparatifs types des performances ;
  - des fiches d'analyse types des bonnes pratiques ;
  - un rapport type sur les leçons apprises ;
  - une analyse de causes à effets pour les performances exceptionnelles (diagramme d'Ishikawa) ;
  - une analyse des risques AMDEC (analyse des modes de défaillances, de leurs effets, de leur criticité) ;
  - une matrice de « priorisation » des actions ;
  - une revue périodique des projets de benchmarking avec un retour d'expérience formalisé.

S'engager sur un protocole de benchmarking

En début de projet, on peut faire signer à l'ensemble des participants un protocole de benchmarking pour officialiser leur engagement.

Exemple de protocole de benchmarking.

Les participants à l'exercice de benchmarking s'engagent à :

- connaître et respecter le Code de conduite européen de benchmarking ;
- avoir été formés au benchmarking et à suivre le processus structuré prédéfini ;
- déterminer le périmètre de ce qui va être comparé ;
- identifier les indicateurs clés et variables principales à comparer ;
- identifier les organisations ayant des performances supérieures reconnues dans ce domaine ;
- accomplir une autoévaluation rigoureuse en interne avant de rechercher des partenaires potentiels de benchmarking ;
- préparer un questionnaire et un guide d'entretien et partager ces derniers à l'avance ;
- posséder l'autorité pour partager et être disposé à partager l'information avec les partenaires de benchmarking ;
- travailler selon les règles de contact indiquées et les arrangements mutuellement convenus.

Recommandations pour les visites sur site

Quand le projet de benchmarking comprend des visites sur site, les comportements suivants sont à adopter :

- fournir suffisamment à l'avance le planning de la visite ;
- être professionnel, honnête, courtois et réactif ;
- présenter tous les participants et expliquer la raison de cette présence ;
- respecter le planning des réunions et visites ;
- utiliser un vocabulaire compréhensible par tous et le moins de jargon possible ;
- respecter les règles définies pour s'adresser aux interlocuteurs « questionnables » ;
- s'assurer que personne n'échange de l'information sensible ou confidentielle sans accord préalable des parties ;
- partager l'information sur son propre processus ainsi que les résultats de l'étude ;
- faciliter les visites réciproques ;
- toujours conclure les visites et réunions ;
- ne pas oublier de remercier ses partenaires de benchmarking pour leur participation.

La mesure de la satisfaction en matière de benchmarking

Pour se donner un retour d'information sur les projets de benchmarking, il est utile de définir avec ses partenaires des mesures de satisfaction et de les mettre en œuvre au moyen d'un questionnaire.

Voici le type de questions qui peuvent être posées :

- Quel est votre degré de satisfaction global sur le projet de benchmarking qui vient de se terminer ?
- Quel est votre degré de satisfaction en matière de planifications du projet ?
- Quel est votre degré de satisfaction en matière de qualité des informations échangées ?
- Quel est votre degré de satisfaction en matière de découvertes et de leçons apprises grâce à cet exercice ?
- Quel est votre degré de satisfaction en matière d'interlocuteurs rencontrés sur les sites ?
- Quel est votre degré de satisfaction sur l'analyse réalisée et la détection des gaps de performance ?
- Quel est votre degré de satisfaction quant aux pistes d'amélioration identifiées ?
- Quel est votre degré de satisfaction en matière de résolution des problèmes survenus durant l'exercice ?
- Quel est votre degré de satisfaction en matière de respect de l'accord initial signé entre les partenaires ?

- Serez-vous prêt à vous engager dans un autre projet de benchmarking avec les mêmes partenaires ?
- Quelles sont vos suggestions pour améliorer les prochains exercices de benchmarking ?

On peut choisir dans cette liste les questions les plus appropriées pour évaluer la perception des acteurs du groupe de benchmarking.

Conclusion

N'hésitez plus, pratiquez régulièrement le benchmarking

Pratiquez donc régulièrement le benchmarking pour le plus grand bien de votre organisation !

Une organisation soucieuse de sa performance a tout intérêt à mettre en place un processus structuré et systématique de benchmarking. Le benchmarking lui permettra en effet de connaître et de comprendre le niveau de performance atteint par d'autres et donc le niveau auquel l'organisation peut raisonnablement prétendre. Puisque d'autres y arrivent, pourquoi pas elle ? Ensuite, il lui permettra de comprendre le chemin pris par les meilleurs pour y arriver et de se poser la question du chemin le plus adapté à sa propre situation.

> À RETENIR
Si vous voulez que votre organisation soit durablement performante, le benchmarking est une pratique à ancrer dans son ADN.

Dans le secteur privé concurrentiel, ce processus de benchmarking permettra à l'entreprise de gagner un avantage sur la concurrence. L'approche comparative va ainsi faire partie intégrante de ses moyens de recherche de solutions innovantes à l'intérieur et en dehors des modèles traditionnels. Il va ensuite, s'il est pratiqué de manière récurrente, lui permettre de se maintenir durablement devant de la compétition. Nul doute aujourd'hui que les meilleurs mondiaux ont intensément utilisé le benchmarking pour se hisser à leur position de leader.

Dans le secteur public, le benchmarking peut être utilisé comme un outil puissant d'amélioration et d'introduction des changements nécessaires à des services publics modernes. Pour une organisation publique (administration centrale, collectivité locale...) l'impératif du changement devient aussi intense que les pressions de la concurrence ressenties dans le secteur privé. Le benchmarking est l'un des moyens donnant naissance à un nouvel élan pour le changement, au niveau des activités et métiers des collectivités locales et des administrations, ainsi que pour élever les standards de qualité du service public par la diffusion des bonnes pratiques. Nul doute aujourd'hui que la performance du secteur public canadien doit beaucoup au benchmarking qui y a été généralisé depuis deux décennies.

Si vous voulez que votre organisation soit durablement performante, le benchmarking est une pratique à ancrer dans son ADN. Pour y parvenir, il faudra mettre en place des mécanismes incitatifs.

Dans l'entreprise que nous avons amenée au prix européen d'excellence EFQM en 2002, nous avions :

- fixé l'objectif pour chaque pilote de processus d'effectuer au minimum un benchmarking par an avec des améliorations implémentées et des résultats probants;
- aligné le calcul des primes aux managers sur l'atteinte de cet objectif;

– créé un concours interne annuel avec un prix de l'innovation par équipe dans lequel participaient les équipes de projets de benchmarking.

Par ailleurs, durant trois ans, nous avions impliqué 100 % du personnel dans l'autoévaluation à partir du dossier de soumission au prix EFQM, dans l'animation et la dynamisation des visites sur site et dans la restitution des leçons apprises de cet exercice de benchmarking de maturité avec les meilleures organisations européennes tous secteurs confondus.

Vous n'imaginez pas le nombre d'interlocuteurs, venus pour nous benchmarker sur notre pilotage de l'excellence opérationnelle, affolés par le temps passé cumulé consacré à ce processus de benchmarking.

Pourtant, ce temps, qui représentait dans leur esprit une pure perte, nous a permis d'en gagner dix fois plus ensuite dans le déploiement des actions d'amélioration et de faire des progrès spectaculaires d'année en année.

Le benchmarking était alors un axe stratégique inscrit explicitement dans le tableau de bord prospectif (*balanced scorecard*) de notre entreprise sur la perspective « apprentissage et efforts ». Il était considéré comme un investissement, comme un actif essentiel pour améliorer les processus afin de mieux satisfaire les clients et autres parties prenantes.

Figure 44 : Le benchmarking dans le balanced scorecard

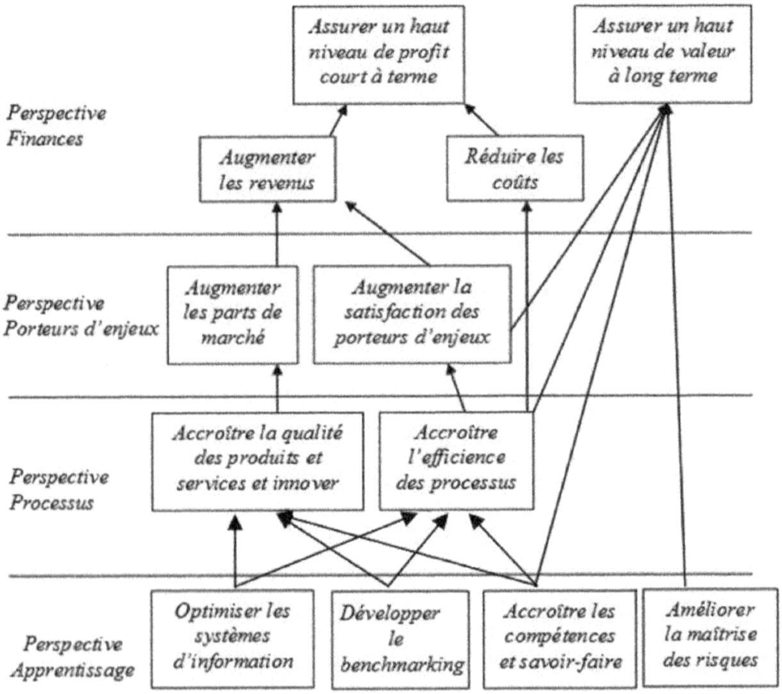

Arriver à mettre en place une telle cohérence entre le benchmarking et les autres composantes du management de l'excellence et de la performance durables est le rêve de nombreux dirigeants et responsables des systèmes de management intégrés. À vous de le réaliser !

Quelques derniers conseils utiles...

Rappelons, en guise de résumé et pour vous mettre le pied à l'étrier dans ce périple, quelques consignes bien utiles.

Figure 45 : Faire et ne pas faire en benchmarkant

À faire	À ne pas faire
S'assurer qu'il y a une implication forte et un soutien sans faille de la direction.	Perdre de vue l'objectif et l'orientation du benchmarking.
Vérifier que le processus est en phase avec les objectifs et plans de l'organisation.	Mener du benchmarking pour le plaisir d'en faire ou pour défendre le *statu quo*.
Sélectionner des processus, pratiques ou services qui sont importants pour vos clients et/ou les autres parties prenantes.	Perdre du temps avec des processus qui ne sont pas critiques pour le succès de l'organisation.
Être au clair avec les améliorations attendues en matière d'efficacité, d'efficience ou de qualité.	Sous-estimer le temps et l'effort requis pour trouver et mettre en œuvre efficacement les améliorations.
Utiliser des données fiables pour identifier les meilleures opportunités d'amélioration.	Se laisser submerger par une grande quantité de données et se perdre dans les détails.
S'assurer que les participants à l'équipe de benchmarking sont formés et ont les compétences requises ainsi que l'état d'esprit pour faire du bon travail.	Gérer l'équipe avec des gens dont on ne veut pas ailleurs ou avec des profils trop similaires ou non représentatifs du domaine étudié.
Communiquer de manière intense et demander régulièrement du *feedback*.	Communiquer pour communiquer sans fondement factuel.
Doter le projet des ressources nécessaires pour un bon déroulement et des résultats optimaux.	Laisser les coûts de l'opération dépasser les bénéfices attendus ou les économies espérées.

Bibliographie et sites Internet

Bibliographie

Livres sur le benchmarking

BALM Gerald J., *Évaluer et améliorer ses performances : le benchmarking*, AFNOR, 1994.

BÜYÜKÖZKAN Gülçin & MAIRE Jean-Luc, « Benchmarking process formalization and a case Study ». *Benchmarking : An International Journal,* 5, 1998, p. 101-125.

CAMP Robert C., *Benchmarking: The search for Industry Best Practices,* ASQ Quality Press, 1989.

CAMP Robert C., *Le Benchmarking : pour atteindre l'excellence et dépasser vos concurrents,* Éditions d'organisation, 1992.

CHANG R. et KELLY P. K., *Progresser avec le benchmarking,* Les Presses du Management, 1995.

COSTA Nathalie, *Veille et benchmarking,* Ellipses gestion, 2008.

GAUTRON Jacques, *Le Guide du benchmarking,* Éditions d'organisation, 2003.

HARRINGTON H. James & HARRINGTON James S., *High Performance Benchmarking: 20 Steps to Success,* McGraw-Hill, 1995.

HARRIS Blake, « Best Practices Emerge from the Synergy of Technology, Processes, and People », *Emerging Technologies, Supplement to Government Technology, 8* (octobre 1995).

HERMEL Laurent, ACHARD Pierre, *Le Benchmarking : 100 questions pour comprendre et agir,* AFNOR, 2007.

KARLÖF Bengt, OSTBLOM Svante, *Benchmarking: A Signpost To Excellence In Quality And Productivity,* John Wiley & Sons, 1994.

KARLÖF Bengt, LUNDGREN Kurt, EDENFELT FROMENT Marie, *Benchlearning: Good Examples As A Lever For Development,* John Wiley & Sons, 2001.

KARLÖF & partners, *Pratiquer le benchmarking,* Éditions d'organisation, 1995.

KEEGAN Richard, *Benchmarking facts: a European Perspective,* ECBF, 1998.

McNAIR C. J. and LEIBFRIED Kathleen H. J., *Benchmarking: A tool for continuous improvement,* New York, Harper Business, 1992.

SCHOETTL Jean-Marc, *Le Benchmarking,* INSEP Éditions, 2003.

SPENDOLINI Michael J., *The Benchmarking Book,* Amacom, 1992.

STAPENHURST Tim, *The Benchmarking Book*, BH, 2009.

WATSON, G. H., *Strategic Benchmarking: How to Rate Your Company's Performance Against the World's Best,* Wiley, 1993.

ZAIRI Mohamed, *Benchmarking for Best Practice: Continuous Learning Through Sustainable Innovation,* BH, 1998.

ZAIRI Mohamed, *Effective Management of Benchmarking Projects: Practical Guidelines and Examples of Best Practice,* BH, 1998.

ZAIRI Mohamed, *Effective Benchmarking: Learning from the Best,* Chapman & Hall, 1996.

ZAIRI Mohamed et LEONARD Paul, *Practical Benchmarking: The Complete Guide,* Chapman & Hall, 1994.

Méthodes de communautés de benchmarking

– Asie

APO (Asian Productivity Organization), *Benchmarking Training Manual,* 2005.

– Europe

EFQM (European Foundation for Quality Management), *The EFQM benchmarking Methodology: guidelines for benchmarking,* 1998-1999.

EFQM (European Foundation for Quality Management), *The European Benchmarking Code of Conduct,* 2007.

– Amérique

APQC (American Productivity and Quality Center), *Benchmarking Methodology,* 1995, 2004.

APQC (American Productivity and Quality Center), *Benchmarking Code of Conduct,* 1995.

Autres

BANDURA Albert, *Social Foundation of Thought and Action: A Social Cognitive Theory,* 1986.

EMERY F. & TRIST E., *Toward a Social Ecology,* 1972.

FESTINGER L, *A Theory of Cognitive Dissonance,* Evanston, Row, Peterson, 1957.

GIRARD René, *Des Choses cachées depuis la fondation du monde,* recherches avec Jean-Michel Ourghourlian et Guy Lefort, Grasset, 1979.

LESCA, Humbert, *Veille stratégique : méthode L.E.SCAnning®*, Éditions EMS, 2003

LESCA Humbert et CARON-FASAN M.-L., *Veille anticipative, une autre approche de l'intelligence économique,* Paris, Hermès Science, 2006.

LESCA Humbert, *Veille et développement durable,* Hermès, Lavoisier, 2010.

MEYER Florent A., « Radarising inforganisations: using system dynamics to implement sustainable excellence and performance management systems », *6e Congrès européen de science des systèmes,* AFSCET (Association française des sciences des systèmes cybernétiques, cognitifs et techniques,) Paris, 2005.

RIGBY Darrell et BILODEAU Barbara, *Management Tools and Trends 2009,* Bain & Company, 2010.

Sites Internet

– Amérique

APQC (American Productivity and Quality Center) :
www.apqc.org/

GBN (Global benchmarking network) :
www.globalbenchmarking.org/

BNI (The Benchmarking network, Inc.) :
http://benchmarkingnetwork.com/

– Asie

APO (Asian Productivity Organization) :
www.apo-tokyo.org/

PBC (Best Prax Club India) :
www.bestpraxclub.com/

– Europe

EFQM (European Foundation for Quality Management) :
www.efqm.org/

Table des figures

À découvrir dans la collection Les Pratiques de la performance

Claude Pinet

Développer la performance

Méthode pour réussir son projet d'amélioration ou de certification (ISO 9001, ISO 14001, OHSAS 18001, ISO 20000, ISO 22000 et ISO 27001)

Volume 1 : **Planifier la démarche**

Volume 2 : **Mettre en œuvre la démarche**

Volume 3 : **Le Suivi et l'amélioration de la démarche**

Trois volumes également disponibles en un seul recueil.

Enfin une méthode qui présente, de manière concrète, les étapes et les outils pour réussir une démarche d'amélioration de la performance dans votre entreprise ou votre organisation.

Vous souhaitez réussir un projet d'amélioration continue ? Voire développer une démarche de certification ISO 9001, ISO 14001, ISO 20000, ISO 22000, ISO 27001 ou encore OHSAS 18001 ?

Cette série de trois volumes vous donne, de manière simple et pratique, la marche à suivre pour conduire avec succès vos projets d'amélioration ou de certification.

Volume 1 : **Planifier la démarche**

Le premier volume **pose les bases, décrit les fondamentaux** de la méthode et chacune des sept étapes qui la composent.

ISBN : 978-2-36233-000-1

Volume 2 : **Mettre en œuvre la démarche**

Le second volume décrit point par point **l'ensemble des étapes et des activités** qui leur sont rattachées en faisant apparaître les livrables.

ISBN : 978-2-36233-001-8

Volume 3 : **Le Suivi et l'amélioration de la démarche**

Le troisième volume présente **les 43 outils pratiques** qui seront les supports de la mise en œuvre de la démarche et les garants de son amélioration continue.

ISBN : 978-2-36233-002-5

Recueil des trois volumes

ISBN : 978-2-36233-017-9

Distribution SODIS

Sommaires et extraits des ouvrages :

www.lesPratiquesdelaPerformance.fr

Claude Pinet

L'ISO 20000 facile

La certification de prestations de services gagnante

Volume 1 : **Planifier et mettre en œuvre sa démarche**
Volume 2 : **Les Fiches et outils pour mettre en œuvre sa certification**
Deux volumes également disponibles en un seul recueil.

Volume 1 : **Planifier et mettre en œuvre sa démarche**

Un ouvrage essentiel pour **comprendre et passer en revue l'ensemble des exigences de la norme ISO 20000:2010.** Rédigé dans un style simple, vivant et concret, ce livre décrit, étape par étape, tout ce qu'il faut savoir pour planifier et mettre en place sa démarche de certification de système de management de prestation de services. **Ce livre se lit comme une grille de lecture simple de la norme,** il est destiné à tous ceux qui se lancent dans la démarche, mais aussi à tous ceux qui, chargés d'un projet de certification, pourront très facilement se mettre à niveau avant de passer à l'action !

ISBN : 978-2-36233-006-3

Volume 2 : **Les Fiches et outils pour mettre en œuvre sa certification**

Ce présent ouvrage, complémentaire du premier volume, propose **plus de 40 fiches et outils pratiques** essentiels qui permettent au lecteur d'avoir des modèles et des exemples pratiques qui lui feront gagner du temps et de l'efficacité dans la mise en œuvre concrète de son projet de certification selon l'ISO 2000:2010 : fiche descriptive de service - organisation de la documentation - cartographie et procédures - contrat de service (SLA) - rapport de service - rapport de continuité de service - processus de gestion de niveau de service (SLM) - PDAM et DMIA - plan de capacité - processus de gestion des incidents et des problèmes - plan de gestion des configurations - plan de mise en production et de déploiement - etc.

ISBN : 978-2-36233-007-0

Recueil des deux volumes

ISBN : 978-2-36233-014-8

Distribution SODIS

Sommaires et extraits des ouvrages :

www.lesPratiquesdelaPerformance.fr

Claude Pinet

L'ISO 9001 facile. Réussir sa démarche de certification

Volume 1 : **Planifier et mettre en œuvre sa démarche**

Volume 2 : **Les Outils pour mettre en œuvre la démarche**

Deux volumes également disponibles en un seul recueil.

Volume 1 : **Planifier et mettre en œuvre sa démarche**

Un ouvrage essentiel pour **comprendre et passer en revue l'ensemble des exigences de la norme ISO 9001:2008.** Rédigé dans un style simple, vivant et concret, ce livre décrit, étape par étape, tout ce qu'il faut savoir pour planifier et mettre en place une démarche de certification.

Ce livre se lit comme une **grille de lecture simple de la norme,** il est destiné à tous ceux qui se lancent dans la démarche, mais aussi à tous les « managers qualité » nouvellement nommés qui pourront ainsi très facilement se mettre à niveau avant de passer à l'action !

ISBN : 978-2-36233-003-2

Volume 2 : **Les Outils pour mettre en œuvre la démarche**

Ce volume vient compléter le premier ouvrage de cette série de deux ouvrages. Il rassemble **plus de 40 modèles de fiches et outils pratiques** de base qui permettent au lecteur d'avoir des exemples qui lui feront gagner du temps et de l'efficacité dans la mise en œuvre concrète de son projet de certification selon l'ISO 9001:2008. Un accent particulier a été mis pour proposer des modèles et des exemples conformes aux dernières dispositions de la norme dans sa version 2008.

ISBN : 978-2-36233-004-9

Recueil des deux volumes

ISBN : 978-2-36233-016-2

Distribution SODIS

Sommaires et extraits des ouvrages :

www.lesPratiquesdelaPerformance.fr

Claude Pinet

L'ISO 14001 facile

Réussir sa démarche de certification

Volume 1 : **Planifier et mettre en œuvre sa démarche**

Volume 2 : **Les Outils pour mettre en œuvre la démarche**

Deux volumes également disponibles en un seul recueil.

Volume 1 : **Planifier et mettre en œuvre sa démarche**

Un ouvrage essentiel pour **comprendre et passer en revue l'ensemble des exigences de la norme ISO 14001:2004.** Rédigé dans un style simple, vivant et concret, ce livre décrit, étape par étape, tout ce qu'il faut savoir pour planifier et mettre en place une démarche de certification.

Ce livre se lit comme une grille de lecture simple de la norme, il est destiné à tous ceux qui se lancent dans la démarche, mais aussi à tous les « responsables environnement » nouvellement nommés qui pourront ainsi très facilement se mettre à niveau avant de passer à l'action !

ISBN : 978-2-36233-009-4

Volume 2 : **Les Outils pour mettre en œuvre la démarche**

Ce livre vient compléter le premier volume de cette série de deux ouvrages. Un ouvrage qui rassemble près de **30 modèles et exemples de fiches et outils pratiques** de base qui permettent au lecteur d'avoir des exemples qui lui feront gagner du temps et de l'efficacité dans la mise en œuvre concrète de son projet de certification selon l'ISO 14001:2004.

ISBN : 978-2-36233-010-0

Recueil des deux volumes

ISBN : 978-2-36233-015-5

Distribution SODIS

Sommaires et extraits des ouvrages :

www.lesPratiquesdelaPerformance.fr

Jean-Paul Souris

Le Guide du parfait responsable maintenance

Assurer l'efficacité, la qualité et la rentabilité
de sa maintenance industrielle

Le métier de responsable de maintenance n'est pas un long fleuve tranquille : chaque jour, chaque mois, chaque année, surgissent des événements imprévus, des difficultés, des crises majeures ! Chaque responsable maintenance est-il capable d'y faire face ? L'expérience montre que non, car le métier exige des connaissances, des compétences, des qualités humaines, ainsi qu'une expérience et une réelle volonté d'évolution personnelle.

Rédigé simplement, cet ouvrage très complet vous apportera les méthodes, les outils et les éléments de réflexion indispensables pour viser l'efficacité maximale et l'excellence dans la pratique quotidienne de votre métier.

ISBN : 978-2-36233-011-7

Distribution SODIS

Sommaires et extraits de l'ouvrage :

www.lesPratiquesdelaPerformance.fr

Découvrez l'ensemble des titres de la collection sur :

www.lesPratiquesdelaPerformance.fr

Imprimé au sein de l'Union européenne
Dépôt légal, janvier 2011